JLPT
일본어능력시험

한 권
으로
끝내기
보카

N5·4

김성곤 지음

다락원

JLPT 일본어능력시험
한권으로 끝내기
보카 N5·4

지은이 김성곤
펴낸이 정규도
펴낸곳 (주)다락원

초판 1쇄 발행 2025년 1월 24일

책임편집 손명숙, 송화록
디자인 황미연, 장미연(표지)

다락원 경기도 파주시 문발로 211
내용문의: (02)736-2031 내선 460~466
구입문의: (02)736-2031 내선 250~252
Fax: (02)732-2037
출판등록 1977년 9월 16일 제406-2008-000007호

ISBN 978-89-277-1302-9 14730
    978-89-277-1301-2 (set)

http://www.darakwon.co.kr

- 다락원 홈페이지를 방문하시면 상세한 출판 정보와 함께 동영상 강좌, MP3 자료 등 다양한 어학 정보를 얻으실 수 있습니다.
- 다락원 홈페이지에 접속하시거나 표지의 QR코드를 스캔하시면 MP3 파일 및 관련자료를 다운로드 하실 수 있습니다.

　일본어능력시험은 일본어 능력을 객관적으로 측정하는 가장 공신력 있는 시험으로, N5부터 N1까지 다섯 레벨이 있습니다. 각 레벨의 시험 영역 중에서 가장 기본이 되는 것은 역시 문자·어휘에 대한 이해, 즉 어휘력입니다. 본서는 일본어능력시험의 각 레벨에 필요한 어휘를 터득하는 것을 목표로 하고 있습니다.

　상위 레벨로 올라갈수록 학습해야 할 단어가 많아지기 때문에, 무조건 외우기 보다는 출제 빈도가 높은 단어를 중심으로 학습하는 것이 효율적입니다. 본서는 35년 이상에 걸친 일본어능력시험의 출제 내용에 근거하여 약 8,000개의 어휘를 레벨별로 정리하여 제공하고 있습니다.

　이 책을 학습할 때는 응시하고자 하는 레벨은 물론이고, 그 아래 하위 레벨의 단어도 학습할 필요가 있습니다. 예를 들어, N2를 응시하는 사람은 N3의 내용도 함께 학습하세요. N2는 N3 레벨의 내용을 포함하여 출제되기 때문입니다.

　저자의 오랜 수험 경험과 지도 경험을 통해 볼 때 이 책만으로도 철저한 능력시험 대비는 물론, 여러분들의 일본어 실력 향상에도 도움이 되리라 확신합니다. 최고의 학습법은 반복입니다. 막연하게 어디선가 본 듯한 느낌만으로는 시험에 대비할 수 없습니다. 자신이 생길 때까지 지속적으로 반복하여 학습하기를 권합니다.

　마지막으로 이 책이 발간되기까지 많은 격려를 해주신 다락원 정규도 사장님과 일본어출판부 관계자분들께 이 자리를 빌어 감사를 드립니다.

저자 김성곤

차례

1 품사별 + あいうえお순 구성

일본어능력시험 N5와 N4에 필요한 어휘와 함께 대표적인 용례들을 실었습니다. 수록된 모든 단어에 예문이 실려 있어 제시된 단어의 적절한 의미와 활용을 묻는 '용법' 유형의 문제에 대응할 수 있습니다.

2 2가지 버전의 MP3 파일

MP3 형식의 음성 파일을 2가지 버전으로 제공합니다. 단어와 예문의 네이티브 음성을 듣는 학습용 MP3와, 단어만을 모아 일본어 음성과 한국어 의미를 들려주는 암기용 MP3가 있습니다. 학습용은 책과 함께 차분하게 공부할 때, 암기용은 지하철이나 버스 등에서 책 없이 단어를 암기할 때 활용하면 좋습니다.

3 학습 스케줄

규칙적이고 효율적인 학습을 지속적으로 할 수 있도록 레벨별 30일 완성 학습 스케줄을 제공합니다.

4 Level별 문자·어휘 모의고사

학습 달성도를 확인할 수 있도록 실제 시험과 동일한 형식의 문자·어휘 모의고사를 제공합니다. 모의고사 문제를 풀며 실제 시험에 대비할 수 있습니다.

5 일일 쪽지시험

하루 분량의 학습을 마친 후 단어를 확실히 외웠는지 쪽지시험을 통해 확인할 수 있습니다. 쪽지시험은 다락원 홈페이지 학습자료실에서 다운받을 수 있습니다.

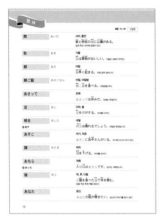

◀ 단어

단어를 품사별 + あいうえお순으로 나누어 수록하였습니다. 수록된 모든 단어에 예문을 실어 단어가 실제로 어떻게 쓰이는지 확인할 수 있습니다.

➕ 추가단어
➖ 비슷한 말
➖ 반대말

모의고사 ▶

단어 학습을 마치면 실제 JLPT 시험 형식의 문자·어휘 파트 모의고사로 실력을 체크해봅시다. 해석과 답은 바로 뒤에 실려 있습니다.

◀ 쪽지시험

하루 분량의 학습을 끝낸 후 쪽지시험을 통해 단어를 확실히 암기했는지 확인합시다. 다락원 홈페이지에서 다운로드 받으세요.

 MP3 활용법

N5

N4

버전1 학습용

단어와 예문의 네이티브 음성이 모두 들어 있습니다. 함께 들으면서 학습하면 자연스러운 일본어 발음을 익힐 수 있습니다.

버전2 암기용

일본어-한국어 순으로 단어만을 모아 놓았기 때문에 책이 없어도 지하철이나 버스 등에서 단어를 외울 수 있습니다.

학습 스케줄

매일 스케줄에 맞추어 하루 분량을 학습한 후 다락원 홈페이지 학습자료실에서 쪽지시험을 다운로드하여 확실히 단어를 암기했는지 꼭 체크해보세요.

N5

1일째	2일째	3일째	4일째	5일째	6일째
명사 10~11	명사 12~13	명사 14~15	명사 16~17	명사 18~19	명사 20~21
7일째	**8일째**	**9일째**	**10일째**	**11일째**	**12일째**
명사 22~23	명사 24~25	명사 26~27	명사 28~29	명사 30~31	조수사 32
13일째	**14일째**	**15일째**	**16일째**	**17일째**	**18일째**
조수사 33	조수사 34	조수사 35	조수사 36	조수사 37	조수사 38
19일째	**20일째**	**21일째**	**22일째**	**23일째**	**24일째**
동사 39~40	동사 41~42	동사 43~45	い형용사 46~47	い형용사 48~49	な형용사 50
25일째	**26일째**	**27일째**	**28일째**	**29일째**	**30일째**
な형용사 51	부사 52	부사, 기타 53~54	가타카나 55~56	가타카나, 인사말 57~59	모의고사 & 복습

N4

1일째	2일째	3일째	4일째	5일째	6일째
명사 84~86	명사 87~89	명사 90~92	명사 93~95	명사 96~98	명사 99~101
7일째	**8일째**	**9일째**	**10일째**	**11일째**	**12일째**
명사 102~104	명사 105~107	명사 108~110	명사 111~113	명사 114~116	명사 117~119
13일째	**14일째**	**15일째**	**16일째**	**17일째**	**18일째**
명사 120~122	명사 123	동사 124~126	동사 127~129	동사 130~132	동사 133~135
19일째	**20일째**	**21일째**	**22일째**	**23일째**	**24일째**
동사 136~138	동사 139~141	い형용사 142~144	い형용사 145~146	な형용사 147~149	부사 150~152
25일째	**26일째**	**27일째**	**28일째**	**29일째**	**30일째**
부사 153~155	기타, 가타카나 156~157	가타카나 158~159	가타카나 160~161	가타카나, 인사말 162~165	모의고사 & 복습

※숫자는 해당 page를 나타냄

JLPT 보카

N5

합격단어

명사 | 조수사 | 동사 | い형용사
な형용사 | 부사 | 기타 | 가타카나 | 인사말

間	あいだ	**사이, 동안**
		家と学校の間に公園がある。
		집과 학교 사이에 공원이 있다.

| 秋 | あき | **가을** |
| | | 秋は果物がおいしい。 가을은 과일이 맛있다. |

| 朝 | あさ | **아침** |
| | | 朝早く起きる。 아침 일찍 일어나다. |

| 朝ご飯 | あさごはん | **아침, 아침밥** |
| | | 朝ご飯を食べる。 아침밥을 먹다. |

| あさって | | **모레** |
| | | あさっては休みだ。 모레는 휴일이다. |

| 足 | あし | **다리, 발** |
| | | 足をけがする。 다리를 다치다. |

| 明日 | あした | **내일** |
| ⊜あす | | 明日は晴れるでしょう。 내일은 맑겠습니다. |

| あそこ | | **저기, 저곳** |
| | | あそこに田中さんがいる。 저기에 다나카 씨가 있다. |

| 頭 | あたま | **머리** |
| | | 頭を下げる。 머리를 숙이다. |

| あちら | | **저쪽** |
| ⊜あっち | | 入り口はあちらです。 입구는 저쪽입니다. |

後	あと	**뒤, 후, 다음**
		ご飯を食べた後で本を読む。
		밥을 먹은 후에 책을 읽는다.

| あなた | | **당신** |
| | | あなたの話が聞きたい。 당신의 이야기를 듣고 싶다. |

兄	あに	형, 오빠
		兄と出かける。 형(오빠)과 외출하다.

姉	あね	언니, 누나
		姉と買い物に行く。 언니(누나)와 쇼핑하러 가다.

雨	あめ	비
		雨が降る。 비가 오다.

家	いえ	집
		家に帰る。 집으로 돌아가다.

いくつ		몇 개
		りんごはいくつありますか。 사과는 몇 개 있습니까?

いくら		얼마
		このシャツはいくらですか。 이 셔츠는 얼마입니까?

池	いけ	연못
		池に魚がいる。 연못에 물고기가 있다.

医者	いしゃ	의사
		医者になる。 의사가 되다.

いす		의자
		いすに座る。 의자에 앉다.

一日	いちにち	하루
		一日中寝ている。 하루 종일 자고 있다.

一週間	いっしゅうかん	일주일간
		一週間会社を休む。 일주일간 회사를 쉬다.

犬	いぬ	개
		犬と散歩する。 개와 산책하다.

今	いま	지금
		今すぐ行きます。 지금 바로 가겠습니다.

意味	いみ	의미
		意味が同じだ。 의미가 같다.

妹	いもうと	여동생
		妹と遊ぶ。 여동생과 놀다.

入り口	いりぐち	입구
		入り口から入る。 입구로 들어가다.

色	いろ	색, 색깔
		青い色が好きだ。 파란색을 좋아한다.

上	うえ	위
		上を見る。 위를 보다.

後ろ	うしろ	뒤
		学校の後ろに公園がある。 학교 뒤에 공원이 있다.

歌	うた	노래
		歌を歌う。 노래를 부르다.

海	うみ	바다
		海で泳ぐ。 바다에서 수영하다.

上着	うわぎ	윗옷, 상의, 겉옷
		上着を着る。 상의를 입다.

運動	うんどう	운동
		軽い運動をする。 가벼운 운동을 하다.

絵	え	그림
		この子は絵が上手だ。 이 아이는 그림을 잘 그린다.

映画	えいが	영화
		映画を見る。 영화를 보다.

英語	えいご	영어
		英語を勉強する。 영어를 공부하다.

駅	えき	역
		駅で電車を待つ。 역에서 전철을 기다리다.

円	えん	엔(일본의 화폐 단위)
		果物は全部で500円です。 과일은 전부 500엔입니다.

鉛筆	えんぴつ	연필
		鉛筆で字を書く。 연필로 글씨를 쓰다.

お母さん	おかあさん	엄마, 어머니, 어머님
		お母さんといっしょに行く。 엄마와 함께 가다.

お菓子	おかし	과자
		お菓子を食べる。 과자를 먹다.

お金	おかね	돈
		お金がない。 돈이 없다.

お客さん	おきゃくさん	손님
		お客さんが来る。 손님이 오다.

奥さん	おくさん	부인, 사모님
		奥さんはお元気ですか。 부인은 잘 지내십니까?

お酒	おさけ	술
		お酒を飲む。 술을 마시다.

お皿	おさら	접시
		お皿を洗う。 접시를 씻다.

おじいさん		할아버지
		おじいさんに会う。 할아버지를 만나다.

おじさん		아저씨, 삼촌
		おじさんにあいさつする。 아저씨에게 인사하다.

お茶	おちゃ	차
		お茶を飲む。 차를 마시다.

お父さん	おとうさん	아빠, 아버지, 아버님
		お父さんに似ている。 아빠를 닮았다.
弟	おとうと	남동생
		弟とけんかする。 남동생과 싸우다.
男	おとこ	남성, 남자
		山田はおもしろい男だ。 야마다는 재미있는 남자이다.
男の子	おとこのこ	남자아이
		あの男の子は背が高い。 저 남자아이는 키가 크다.
男の人	おとこのひと	남성, 남자
		男の人が話している。 남자가 이야기하고 있다.
一昨日	おととい	그저께
		一昨日、デパートに行った。 그저께 백화점에 갔다.
一昨年	おととし	재작년
		一昨年、結婚した。 재작년에 결혼했다.
大人	おとな	어른
		大人になる。 어른이 되다.
お腹	おなか	배, 복부
		お腹がすく。 배가 고프다.
お兄さん	おにいさん	형, 오빠
		お兄さんと出かける。 형(오빠)과 외출하다.
お姉さん	おねえさん	누나, 언니
		お姉さんにプレゼントする。 언니(누나)에게 선물하다.
おばあさん		할머니
		おばあさんと話す。 할머니와 이야기하다.
おばさん		아주머니, 이모, 고모
		おばさんに会う。 아주머니를 만나다.

お風呂	おふろ	욕조, 욕실, 목욕
		お風呂に入る。 목욕을 하다.

お弁当	おべんとう	도시락
		お弁当を作る。 도시락을 싸다.

おまわりさん		경찰, 경찰관
		おまわりさんに道を聞く。 경찰관에게 길을 묻다.

音楽	おんがく	음악
		音楽が好きだ。 음악을 좋아하다.

女	おんな	여성, 여자
		この学校には女の先生が多い。
		이 학교에는 여자 선생님이 많다.

女の子	おんなのこ	여자아이
		女の子が走っている。 여자아이가 달리고 있다.

女の人	おんなのひと	여성, 여자
		女の人が話している。 여자가 이야기하고 있다.

会議	かいぎ	회의
		会議に出る。 회의에 출석하다.

外国	がいこく	외국
		外国へ行く。 외국에 가다.

外国人	がいこくじん	외국인
		外国人と英語で話す。 외국인과 영어로 이야기하다.

会社	かいしゃ	회사
		会社に行く。 회사에 가다.

会社員	かいしゃいん	회사원
		兄は会社員です。 형(오빠)은 회사원입니다.

階段	かいだん	계단
		階段を使う。 계단을 이용하다.

買い物	かいもの	쇼핑, 장 보기, 물건을 삼 買い物をする。 쇼핑하다.
顔	かお	얼굴 顔を洗う。 세수를 하다.
かぎ		열쇠 かばんの中にかぎがある。 가방 안에 열쇠가 있다.
学生	がくせい	학생 学生が勉強する。 학생이 공부하다.
かさ		우산 かさをさす。 우산을 쓰다.
風	かぜ	바람 風が強い。 바람이 세다.
風邪	かぜ	감기 風邪を引く。 감기에 걸리다.
家族	かぞく	가족 家族で食事をする。 가족끼리 식사를 하다.
学校	がっこう	학교 学校に行く。 학교에 가다.
かばん		가방 かばんを持つ。 가방을 들다.
花瓶	かびん	화병, 꽃병 花瓶に花を入れる。 꽃병에 꽃을 넣다.
紙	かみ	종이 紙に字を書く。 종이에 글씨를 쓰다.
体	からだ	몸 体が弱い。 몸이 약하다.

川	かわ	강

川で泳ぐ。 강에서 수영하다.

漢字	かんじ	한자

漢字を読む。 한자를 읽다.

木	き	나무

庭に木がある。 정원에 나무가 있다.

北	きた	북, 북쪽

北に高い山がある。 북쪽에 높은 산이 있다.

北側	きたがわ	북쪽

家の北側に山がある。 집 북쪽에 산이 있다.

喫茶店	きっさてん	찻집

喫茶店でコーヒーを飲む。 찻집에서 커피를 마시다.

切手	きって	우표

切手を買う。 우표를 사다.

切符	きっぷ	표

切符を見せる。 표를 보여주다.

昨日	きのう	어제

昨日、映画を見た。 어제 영화를 보았다.

牛肉	ぎゅうにく	소고기

牛肉を焼く。 소고기를 굽다.

牛乳	ぎゅうにゅう	우유

牛乳を飲む。 우유를 마시다.

今日	きょう	오늘

今日は晴れだ。 오늘은 맑다.

教室	きょうしつ	교실

教室で勉強する。 교실에서 공부하다.

兄弟	きょうだい	형제

うちは三人兄弟です。 우리 집은 삼 형제입니다.

去年	きょねん	작년

去年、海外旅行に行った。 작년에 해외여행을 갔다.

銀行	ぎんこう	은행

駅の前に銀行がある。 역 앞에 은행이 있다.

薬	くすり	약

薬を飲む。 약을 먹다.

果物	くだもの	과일

果物を食べる。 과일을 먹다.

口	くち	입

口を開ける。 입을 벌리다.

靴	くつ	신발, 구두

靴を履く。 신발을 신다.

靴下	くつした	양말

靴下を脱ぐ。 양말을 벗다.

国	くに	나라

あなたの国はどこですか。 당신의 나라는 어디입니까?

車	くるま	자동차

車を運転する。 자동차를 운전하다.

警官	けいかん	경관, 경찰관

警官になりたい。 경찰관이 되고 싶다.

子	こ	아이

私には三人の子がある。 나에게는 세 아이가 있다.

公園	こうえん	공원

公園を歩く。 공원을 걷다.

紅茶	こうちゃ	홍차 紅茶を飲む。 홍차를 마시다.
交番	こうばん	파출소 駅の前に交番がある。 역 앞에 파출소가 있다.
声	こえ	목소리, 소리 大きい声で歌う。 큰 목소리로 노래하다.
ここ		여기, 이곳 ここで少し休みましょう。 여기서 좀 쉽시다.
午後	ごご	오후 午後に会議がある。 오후에 회의가 있다.
午前	ごぜん	오전 午前中に買い物に行く。 오전 중에 쇼핑하러 가다.
こちら ● こっち		이쪽 こちらへどうぞ。 이쪽으로 오세요.
今年	ことし	금년, 올해 今年の冬はとても寒い。 올해 겨울은 무척 춥다.
子ども	こども	어린이, 아이 子どもが生まれる。 아이가 태어나다.
ご飯	ごはん	밥 ご飯を食べる。 밥을 먹다.
これ		이것 これを見てください。 이것을 보세요.
今月	こんげつ	이번 달 今月は忙しい。 이번 달은 바쁘다.
今週	こんしゅう	이번 주 今週は雨が多い。 이번 주는 비가 많이 온다.

今晩	こんばん	오늘 밤 今晩、パーティーがある。 오늘 밤 파티가 있다.
最後	さいご	최후, 마지막, 끝 本を最後まで読む。 책을 끝까지 읽다.
財布	さいふ	지갑 財布を忘れる。 지갑을 잃어버리다.
魚	さかな	생선, 물고기 魚屋で魚を買う。 생선 가게에서 생선을 사다.
先	さき	앞 先に進む。 앞으로 나아가다.
作文	さくぶん	작문 作文を書く。 작문을 쓰다.
散歩	さんぽ	산책 散歩に出かける。 산책하러 나가다.
塩	しお	소금 その塩をとってください。 그 소금을 집어주세요.
時間	じかん	시간 時間を守る。 시간을 지키다.
仕事	しごと	일, 업무 仕事に行く。 일하러 가다.
辞書 ➡辞典, 字引	じしょ	사전 辞書を引く。 사전을 찾다.
下	した	아래 木の下に座る。 나무 밑에 앉다.
写真	しゃしん	사진 写真を見る。 사진을 보다.

宿題	しゅくだい	숙제
		しゅくだい 宿題をする。 숙제를 하다.

食堂	しょくどう	식당
		しょくどう　しょく じ 食堂で食事をする。 식당에서 식사를 하다.

新聞	しんぶん	신문
		しんぶん　よ 新聞を読む。 신문을 읽다.

すし		초밥
		た すしを食べる。 초밥을 먹다.

背 ●せい	せ	① 등, 등허리
		うま　せ　の 馬の背に乗る。 말 등에 올라타다.
		② 키, 신장
		せ　たか 背が高い。 키가 크다.

生徒	せいと	학생(보통 초·중·고)
		せい と　　あつ 生徒が集まる。 학생이 모이다.

せっけん		비누
		あら せっけんで洗う。 비누로 씻다.

千	せん	천, 1,000
		ひと　せんえん これは一つ千円です。 이것은 하나에 천 엔입니다.

先月	せんげつ	지난달
		せんげつ　　りょこう　い 先月、旅行に行った。 지난달에 여행을 갔다.

先週	せんしゅう	지난주
		せんしゅう　　し けん 先週、試験があった。 지난주에 시험이 있었다.

先生	せんせい	선생님
		せんせい　　しつもん 先生に質問する。 선생님께 질문하다.

掃除	そうじ	청소
		へ や　　そう じ 部屋を掃除する。 방을 청소하다.

そこ		거기, 그곳
		そこに置いてください。 거기에 놓아 주세요.

そちら		그쪽
⊜ そっち		今からそちらへ行きます。 지금부터 그쪽으로 가겠습니다.

外	そと	바깥, 밖
		外で遊ぶ。 밖에서 놀다.

そば		메밀국수
		そばを食べる。 메밀국수를 먹다.

そば		근처, 곁, 옆
		駅のそばに図書館がある。 역 옆에 도서관이 있다.

空	そら	하늘
		空が青い。 하늘이 푸르다.

それ		그것
		それをとってください。 그것을 집어주세요.

大学	だいがく	대학
		大学に通う。 대학에 다니다.

台所	だいどころ	부엌
		台所で料理をする。 부엌에서 요리를 하다.

建物	たてもの	건물
		駅の前に大きい建物がある。 역 앞에 큰 건물이 있다.

たばこ		담배
		たばこを吸う。 담배를 피우다.

食べ物	たべもの	음식
		好きな食べ物は何ですか。 좋아하는 음식은 무엇입니까?

たまご		계란, 달걀
		たまご料理を作る。 달걀 요리를 만들다.

だれ		**누구** この辞書はだれのですか。 이 사전은 누구의 것입니까?
誕生日	たんじょうび	**생일** 明日は山下さんの誕生日だ。 내일은 야마시타 씨의 생일이다.
地下鉄	ちかてつ	**지하철** 地下鉄に乗る。 지하철을 타다.
地図	ちず	**지도** 地図を見る。 지도를 보다.
父	ちち	**아버지, 아빠** 父は新聞を読んでいる。 아버지는 신문을 읽고 있다.
次	つぎ	**다음** 三日の次は四日です。 3일 다음은 4일입니다.
つくえ		**책상** つくえの上に本を置く。 책상 위에 책을 놓다.
作り方	つくりかた	**만드는 법** ケーキの作り方を教える。 케이크 만드는 법을 가르치다.
手	て	**손** 手を洗う。 손을 씻다.
手紙	てがみ	**편지** 手紙を書く。 편지를 쓰다.
出口	でぐち	**출구** 出口から出る。 출구로 나오다.
天気	てんき	**날씨** 天気がいい。 날씨가 좋다.
電気	でんき	**전기** 電気をつける。 전기를 켜다.

電車	でんしゃ	전철 電車に乗る。 전철을 타다.
電話	でんわ	전화 電話をかける。 전화를 걸다.
動物 ➕動物園 동물원	どうぶつ	동물 山に動物がたくさんいる。 산에 동물이 많이 있다.
時計	とけい	시계 時計を見る。 시계를 보다.
どこ		어디 どこに行くの？ 어디 가?
ところ		곳, 장소 ここは静かなところだ。 여기는 조용한 곳이다.
年	とし	① 해 新しい年になる。 새해가 되다. ② 나이 年をとる。 나이를 먹다.
図書館	としょかん	도서관 図書館で本を読む。 도서관에서 책을 읽다.
どちら ➖どっち		어느 쪽 どちらがいいですか。 어느 쪽이 좋으세요?
どなた		누구, 어느 쪽 あの人はどなたですか。 저 사람은 누구시죠?
となり		옆, 이웃 となりの家に住む。 이웃집에 살다.
友だち	ともだち	친구 友だちと遊ぶ。 친구와 놀다.

24

鳥	とり	새
		鳥が空を飛ぶ。 새가 하늘을 날다.

鶏肉	とりにく	닭고기
		鶏肉を料理する。 닭고기를 요리하다.

どれ		어느 것
		あなたのかばんはどれですか。 당신의 가방은 어느 것입니까?

中	なか	가운데, 안, 속
		かばんの中に入れる。 가방 속에 넣다.

夏	なつ	여름
		夏が来る。 여름이 오다.

夏休み	なつやすみ	여름 방학, 여름휴가
		明日から夏休みだ。 내일부터 여름 방학이다.

何	なに	무엇
⊖なん		学校で何を勉強しますか。 학교에서 무엇을 공부합니까?

名前	なまえ	이름
		名前を呼ぶ。 이름을 부르다.

肉	にく	고기
		肉を切る。 고기를 자르다.

西	にし	서쪽
		町の西に高い建物がある。 마을 서쪽에 높은 건물이 있다.

日本語	にほんご	일본어
		日本語を勉強する。 일본어를 공부하다.

日本人	にほんじん	일본인, 일본 사람
		あの人は日本人だ。 저 사람은 일본인이다.

庭	にわ	정원, 뜰
		毎日庭の掃除をする。 매일 정원 청소를 한다.

猫	ねこ	고양이

猫を飼う。 고양이를 기르다.

飲み物	のみもの	음료, 마실 것

私の好きな飲み物は紅茶です。
제가 좋아하는 음료는 홍차입니다.

葉	は	잎

葉が落ちる。 잎이 떨어지다.

灰皿	はいざら	재떨이

灰皿を置く。 재떨이를 놓다.

葉書	はがき	엽서

葉書を買う。 엽서를 사다.

二十歳	はたち	스무 살

二十歳になる。 스무 살이 되다.

鼻	はな	코

鼻が高い。 콧대가 높다.

花	はな	꽃

花が咲く。 꽃이 피다.

話	はなし	이야기, 대화

おもしろい話を聞く。 재미있는 이야기를 듣다.

花見	はなみ	꽃놀이, 꽃구경

花見をする。 꽃놀이를 하다.

母	はは	어머니, 엄마

私は母に似ている。 나는 엄마를 닮았다.

林	はやし	숲

林の中を歩く。 숲속을 걷다.

春	はる	봄

春が来る。 봄이 오다.

番号	ばんごう	번호
		電話番号を教える。 전화번호를 가르쳐주다.

晩ご飯	ばんごはん	저녁, 저녁 밥
		晩ご飯を食べる。 저녁 밥을 먹다.

半分	はんぶん	절반, 반
		りんごを半分に切る。 사과를 반으로 자르다.

東	ひがし	동쪽
		東の空が明るくなる。 동쪽 하늘이 밝아지다.

飛行機	ひこうき	비행기
		飛行機に乗る。 비행기를 타다.

人	ひと	사람
		あの人は料理が上手だ。 저 사람은 요리를 잘한다.

百	ひゃく	백, 100
		このりんごは一つ百円です。 이 사과는 하나에 백 엔입니다.

百点	ひゃくてん	백 점, 100점
		テストで百点を取る。 시험에서 백 점을 받다.

病院	びょういん	병원
		病院に行く。 병원에 가다.

病気	びょうき	병
		病気になる。 병이 나다.

ひらがな		히라가나
		ひらがなで書く。 히라가나로 쓰다.

昼	ひる	낮
		昼に会う。 낮에 만나다.

昼ご飯	ひるごはん	점심, 점심밥
		食堂で昼ご飯を食べる。 식당에서 점심을 먹다.

服	ふく	옷
		服を着る。 옷을 입다.

冬	ふゆ	겨울
		今年の冬はとても寒い。 올 겨울은 매우 춥다.

部屋	へや	방
		部屋をきれいにする。 방을 깨끗이 하다.

勉強	べんきょう	공부
		家で勉強する。 집에서 공부하다.

方	ほう	방향, 쪽
		コーヒーの方が好きだ。 커피 쪽을 좋아한다.

帽子	ぼうし	모자
		帽子をかぶる。 모자를 쓰다.

ほか		외, 다른 것
		ほかに質問はありますか。 다른 질문 있습니까?

本	ほん	책
		本屋で本を買う。 서점에서 책을 사다.

毎朝	まいあさ	매일 아침
		毎朝公園を散歩する。 매일 아침 공원을 산책하다.

毎月	まいげつ	매월, 매달
●まいつき		毎月テストがある。 매달 시험이 있다.

毎週	まいしゅう	매주
		毎週掃除をする。 매주 청소를 하다.

毎日	まいにち	매일
		毎日漢字の勉強をする。 매일 한자 공부를 하다.

毎年	まいねん	매년
●まいとし		毎年一月はとても忙しい。 매년 1월은 매우 바쁘다.

毎晩	まいばん	매일 밤
		毎晩日記を書く。 매일 밤 일기를 쓰다.

前	まえ	앞, 전
		寝る前に薬を飲む。 자기 전에 약을 먹다.

町	まち	마을
		町を歩く。 마을을 걷다.

窓	まど	창, 창문
		窓を開ける。 창문을 열다.

右	みぎ	오른쪽
		右に曲がる。 오른쪽으로 돌다.

水	みず	물
		水を飲む。 물을 마시다.

店	みせ	가게
		店で買い物をする。 가게에서 장을 보다.

道	みち	길
		道を渡る。 길을 건너다.

みなさん		여러분
		みなさん、こちらを見てください。 여러분, 이쪽을 보세요.

南	みなみ	남쪽
		町の南に大きい川がある。 마을 남쪽에 큰 강이 있다.

耳	みみ	귀
		朝から耳が痛い。 아침부터 귀가 아프다.

みんな		모두, 전원
➡ みな		みんなで写真をとる。 모두 함께 사진을 찍다.

昔	むかし	**옛날** 昔は映画館へよく行った。 옛날에는 영화관에 자주 갔다.
息子	むすこ	**아들** 息子が生まれる。 아들이 태어나다.
目	め	**눈** 目が大きい。 눈이 크다.
めがね		**안경** めがねをかける。 안경을 쓰다.
物	もの	**물건** ほしい物を買う。 갖고 싶은 물건을 사다.
門	もん	**문** 学校の門を出る。 학교 문을 나서다.
問題	もんだい	**문제** 問題に答える。 문제에 답하다.
八百屋	やおや	**채소 가게, 채소 장수** 八百屋で野菜を買う。 채소 가게에서 채소를 사다.
野菜	やさい	**야채, 채소** 野菜を食べる。 야채를 먹다.
休み	やすみ	**휴일, 쉬는 시간** 5月の休みに旅行に行く。 5월 휴일에 여행을 가다.
山	やま	**산** 山に登る。 산에 오르다.
夕方	ゆうがた	**저녁** 夕方まで友だちと遊ぶ。 저녁까지 친구들과 놀다.
夕飯	ゆうはん	**저녁, 저녁밥** 夕飯を作る。 저녁밥을 짓다.

夕べ	ゆうべ	① 어젯밤 夕べは寒かった。 어젯밤은 추웠다. ② 저녁 夕べは涼しい風が吹く。 저녁에는 서늘한 바람이 분다.
雪	ゆき	눈 雪が降る。 눈이 내리다.
洋服	ようふく	옷, 의복, 양복 洋服を着る。 옷을 입다.
横	よこ	옆 横に座る。 옆에 앉다.
夜	よる	밤 昨日の夜は雨が降った。 어제 밤에는 비가 왔다.
来月	らいげつ	다음 달 来月旅行に行く。 다음 달에 여행을 간다.
来週	らいしゅう	다음 주 来週試験がある。 다음 주에 시험이 있다.
来年	らいねん	내년 来年大学に入学する。 내년에 대학에 입학한다.
留学生	りゅうがくせい	유학생 この大学には留学生が多い。 이 대학에는 유학생이 많다.
料理	りょうり	요리 料理を作る。 요리를 만들다.
練習	れんしゅう	연습 ピアノの練習をする。 피아노 연습을 하다.
私	わたし	나 私は学生です。 나는 학생입니다.

● 수

일	一	いち	육	六	ろく
이	二	に	칠	七	しち / なな
삼	三	さん	팔	八	はち
사	四	し / よん	구	九	く / きゅう
오	五	ご	십	十	じゅう

● 〜つ 〜개

하나, 한 개	一つ	ひとつ	여섯, 여섯 개	六つ	むっつ
둘, 두 개	二つ	ふたつ	일곱, 일곱 개	七つ	ななつ
셋, 세 개	三つ	みっつ	여덟, 여덟 개	八つ	やっつ
넷, 네 개	四つ	よっつ	아홉, 아홉 개	九つ	ここのつ
다섯, 다섯 개	五つ	いつつ	열, 열 개	十	とお

いくつ 몇 개

● 〜個(こ) 〜개(작은 사물을 세는 말)

한 개	一個	いっこ	여섯 개	六個	ろっこ
두 개	二個	にこ	일곱 개	七個	ななこ
세 개	三個	さんこ	여덟 개	八個	はっこ
네 개	四個	よんこ	아홉 개	九個	きゅうこ
다섯 개	五個	ごこ	열 개	十個	じゅっこ / じっこ

何個 몇 개

● ～階(かい/がい)　～층

1층	一階	いっかい	6층	六階	ろっかい
2층	二階	にかい	7층	七階	ななかい
3층	三階	さんかい / さんがい	8층	八階	はっかい / はちかい
4층	四階	よんかい	9층	九階	きゅうかい
5층	五階	ごかい	10층	十階	じゅっかい / じっかい

何階 몇 층(なんかいと도 읽음)

● ～回(かい)　～회, ～번(횟수를 나타내는 말)

한 번, 1회	一回	いっかい	여섯 번, 6회	六回	ろっかい
두 번, 2회	二回	にかい	일곱 번, 7회	七回	ななかい
세 번, 3회	三回	さんかい	여덟 번, 8회	八回	はっかい
네 번, 4회	四回	よんかい	아홉 번, 9회	九回	きゅうかい
다섯 번, 5회	五回	ごかい	열 번, 10회	十回	じゅっかい / じっかい

何回 몇 번

● ～番(ばん)　～번(번호를 나타내는 말)

1번	一番	いちばん	6번	六番	ろくばん
2번	二番	にばん	7번	七番	ななばん
3번	三番	さんばん	8번	八番	はちばん
4번	四番	よんばん	9번	九番	きゅうばん
5번	五番	ごばん	10번	十番	じゅうばん

何番 몇 번

● ~円(えん) ~엔

일 엔, 1엔	一円	いちえん	육 엔, 6엔	六円	ろくえん
이 엔, 2엔	二円	にえん	칠 엔, 7엔	七円	ななえん
삼 엔, 3엔	三円	さんえん	팔 엔, 8엔	八円	はちえん
사 엔, 4엔	四円	よえん	구 엔, 9엔	九円	きゅうえん
오 엔, 5엔	五円	ごえん	십 엔, 10엔	十円	じゅうえん

いくら 얼마

● ~年(ねん) ~년

일 년, 1년	一年	いちねん	육 년, 6년	六年	ろくねん
이 년, 2년	二年	にねん	칠 년, 7년	七年	ななねん / しちねん
삼 년, 3년	三年	さんねん	팔 년, 8년	八年	はちねん
사 년, 4년	四年	よねん	구 년, 9년	九年	きゅうねん
오 년, 5년	五年	ごねん	십 년, 10년	十年	じゅうねん

なんねん
何年 몇 년

● ~月(がつ) ~월

1월	一月	いちがつ	7월	七月	しちがつ
2월	二月	にがつ	8월	八月	はちがつ
3월	三月	さんがつ	9월	九月	くがつ
4월	四月	しがつ	10월	十月	じゅうがつ
5월	五月	ごがつ	11월	十一月	じゅういちがつ
6월	六月	ろくがつ	12월	十二月	じゅうにがつ

なんがつ
何月 몇 월

● ~日(にち) ~일

1일	1日	ついたち	17일	17日	じゅうしちにち
2일	2日	ふつか	18일	18日	じゅうはちにち
3일	3日	みっか	19일	19日	じゅうくにち
4일	4日	よっか	20일	20日	はつか
5일	5日	いつか	21일	21日	にじゅういちにち
6일	6日	むいか	22일	22日	にじゅうににち
7일	7日	なのか	23일	23日	にじゅうさんにち
8일	8日	ようか	24일	24日	にじゅうよっか
9일	9日	ここのか	25일	25日	にじゅうごにち
10일	10日	とおか	26일	26日	にじゅうろくにち
11일	11日	じゅういちにち	27일	27日	にじゅうしちにち
12일	12日	じゅうににち	28일	28日	にじゅうはちにち
13일	13日	じゅうさんにち	29일	29日	にじゅうくにち
14일	14日	じゅうよっか	30일	30日	さんじゅうにち
15일	15日	じゅうごにち	31일	31日	さんじゅういちにち
16일	16日	じゅうろくにち		何日 며칠	

● ~時(じ) ~시

한 시, 1시	一時	いちじ	일곱 시, 7시	七時	しちじ
두 시, 2시	二時	にじ	여덟 시, 8시	八時	はちじ
세 시, 3시	三時	さんじ	아홉 시, 9시	九時	くじ
네 시, 4시	四時	よじ	열 시, 10시	十時	じゅうじ
다섯 시, 5시	五時	ごじ	열한 시, 11시	十一時	じゅういちじ
여섯 시, 6시	六時	ろくじ	열두 시, 12시	十二時	じゅうにじ

何時 몇 시

35

● ～分(ふん/ぷん)　～분

일분, 1분	一分	いっぷん	육분, 6분	六分	ろっぷん
이분, 2분	二分	にふん	칠분, 7분	七分	ななふん / しちふん
삼분, 3분	三分	さんぷん	팔분, 8분	八分	はっぷん / はちふん
사분, 4분	四分	よんぷん	구분, 9분	九分	きゅうふん
오분, 5분	五分	ごふん	십분, 10분	十分	じゅっぷん / じっぷん

何分 몇 분

● ～曜日(ようび)　～요일

월요일	月曜日	げつようび	금요일	金曜日	きんようび
화요일	火曜日	かようび	토요일	土曜日	どようび
수요일	水曜日	すいようび	일요일	日曜日	にちようび
목요일	木曜日	もくようび		**何曜日** 무슨 요일	

● ～杯(はい/ばい/ぱい)　～잔

한 잔	一杯	いっぱい	여섯 잔	六杯	ろっぱい
두 잔	二杯	にはい	일곱 잔	七杯	ななはい
세 잔	三杯	さんばい	여덟 잔	八杯	はっぱい
네 잔	四杯	よんはい	아홉 잔	九杯	きゅうはい
다섯 잔	五杯	ごはい	열 잔	十杯	じゅっぱい / じっぱい

何杯 몇 잔

● ～倍(ばい) ～배

한 배	一倍	いちばい	여섯 배	六倍	ろくばい
두 배	二倍	にばい	일곱 배	七倍	ななばい
세 배	三倍	さんばい	여덟 배	八倍	はちばい
네 배	四倍	よんばい	아홉 배	九倍	きゅうばい
다섯 배	五倍	ごばい	열 배	十倍	じゅうばい

何倍 몇 배

● ～本(ほん/ぽん/ぽん) ～자루, ～병(가늘고 긴 것을 세는 말)

한 자루, 한 병	一本	いっぽん	여섯 자루, 여섯 병	六本	ろっぽん
두 자루, 두 병	二本	にほん	일곱 자루, 일곱 병	七本	ななほん
세 자루, 세 병	三本	さんぼん	여덟 자루, 여덟 병	八本	はっぽん
네 자루, 네 병	四本	よんほん	아홉 자루, 아홉 병	九本	きゅうほん
다섯 자루, 다섯 병	五本	ごほん	열 자루, 열 병	十本	じゅっぽん / じっぽん

何本 몇 자루, 몇 병

● ～枚(まい) ～매, ～장(얇고 평평한 것을 세는 말)

한 장, 1매	一枚	いちまい	여섯 장, 6매	六枚	ろくまい
두 장, 2매	二枚	にまい	일곱 장, 7매	七枚	しちまい / ななまい
세 장, 3매	三枚	さんまい	여덟 장, 8매	八枚	はちまい
네 장, 4매	四枚	よんまい	아홉 장, 9매	九枚	きゅうまい
다섯 장, 5매	五枚	ごまい	열 장, 10매	十枚	じゅうまい

何枚 몇 장

● 〜人(にん) 〜명

한 명, 1명	一人	ひとり	여섯 명, 6명	六人	ろくにん
두 명, 2명	二人	ふたり	일곱 명, 7명	七人	しちにん / ななにん
세 명, 3명	三人	さんにん	여덟 명, 8명	八人	はちにん
네 명, 4명	四人	よにん	아홉 명, 9명	九人	きゅうにん / くにん
다섯 명, 5명	五人	ごにん	열 명, 10명	十人	じゅうにん

なんにん
何人 몇 명

● 〜匹(ひき/びき/ぴき) 〜마리(주로 작은 동물을 세는 말)

한 마리, 1마리	一匹	いっぴき	여섯 마리, 6마리	六匹	ろっぴき
두 마리, 2마리	二匹	にひき	일곱 마리, 7마리	七匹	ななひき
세 마리, 3마리	三匹	さんびき	여덟 마리, 8마리	八匹	はっぴき
네 마리, 4마리	四匹	よんひき	아홉 마리, 9마리	九匹	きゅうひき
다섯 마리, 5마리	五匹	ごひき	열 마리, 10마리	十匹	じゅっぴき / じっぴき

なんびき
何匹 몇 마리

会う	あう	만나다 駅で友だちに会う。 역에서 친구를 만나다.
上がる	あがる	오르다, 올라가다 エスカレーターで上がる。 에스컬레이터로 올라가다.
開く	あく	열리다 ドアが開いている。 문이 열려 있다.
開ける	あける	열다 窓を開ける。 창문을 열다.
あげる		주다 友だちにプレゼントをあげる。 친구에게 선물을 주다.
上げる	あげる	올리다, 들다 部屋の温度を上げる。 방의 온도를 올리다.
遊ぶ	あそぶ	놀다 友だちの家に遊びに行く。 친구 집에 놀러 가다.
あびる		뒤집어쓰다, 끼얹다 シャワーをあびる。 샤워를 하다.
洗う	あらう	씻다 顔を洗う。 세수하다.
ある		(사물이) 있다 つくえの上に本がある。 책상 위에 책이 있다.
歩く	あるく	걷다 学校まで歩いて行く。 학교까지 걸어 가다.
言う	いう	말하다 友だちに言う。 친구에게 말하다.

行く	いく	가다 毎朝会社へ行く。 매일 아침 회사에 간다.
いる		(사람·동물이) 있다 私は5時まで会社にいます。 나는 5시까지 회사에 있습니다.
要る	いる	필요하다 時間と金が要る。 시간과 돈이 필요하다.
入れる	いれる	넣다, 담다 コップに水を入れる。 컵에 물을 담다.
歌う	うたう	노래하다 歌を歌う。 노래를 부르다.
生まれる ●死ぬ 죽다	うまれる	태어나다 女の子が生まれる。 여자아이가 태어나다.
売る ●買う 사다	うる	팔다 安く売る。 싸게 팔다.
起きる	おきる	일어나다 毎朝6時に起きる。 매일 아침 6시에 일어난다.
置く	おく	놓다, 두다 テーブルの上に新聞を置く。 탁자 위에 신문을 두다.
教える	おしえる	가르치다 ピアノを教える。 피아노를 가르치다.
押す	おす	누르다, 밀다 ドアを押して開ける。 문을 밀어서 열다.
泳ぐ	およぐ	헤엄치다 海で泳ぐ。 바다에서 헤엄치다.
終わる	おわる	끝나다 夏休みが終わる。 여름휴가가 끝나다.

買う	かう	사다
➖ 売る 팔다		たばこを買う。 담배를 사다.

返す	かえす	돌려주다, 반납하다
		図書館に本を返す。 도서관에 책을 반납하다.

帰る	かえる	돌아가다, 돌아오다
		家に帰る。 집으로 돌아가다.

かかる		걸리다
		家から会社まで1時間かかる。 집에서 회사까지 1시간 걸린다.

書く	かく	쓰다, 적다
		本に名前を書く。 책에 이름을 쓰다.

貸す	かす	빌려주다
		お金を貸す。 돈을 빌려주다.

かぶる		(모자를) 쓰다
		帽子をかぶる。 모자를 쓰다.

借りる	かりる	빌리다
		図書館で本を借りる。 도서관에서 책을 빌리다.

消える	きえる	사라지다, 꺼지다
		火が消える。 불이 꺼지다.

聞く	きく	듣다, 묻다
		ニュースを聞く。 뉴스를 듣다.

切る	きる	자르다, 끊다
		はさみで紙を切る。 가위로 종이를 자르다.

着る	きる	입다
		シャツを着る。 셔츠를 입다.

来る	くる	오다
		友だちが遊びに来る。 친구가 놀러 오다.

答える	こたえる	대답하다
		大きな声で答える。 큰 목소리로 대답하다.

咲く	さく	(꽃이) 피다
		庭に花が咲く。 뜰에 꽃이 피다.

死ぬ	しぬ	죽다, 사망하다
➡ 生まれる 태어나다		病気で死ぬ。 병으로 죽다.

閉まる	しまる	닫히다
		ドアが閉まる。 문이 닫히다.

閉める	しめる	닫다
		窓を閉めて寝る。 창문을 닫고 자다.

締める	しめる	(끈, 넥타이를) 매다
		ネクタイを締める。 넥타이를 매다.

住む	すむ	살다, 거주하다
		東京に住んでいる。 도쿄에 살고 있다.

する		하다
		食事をする。 식사를 하다.

座る	すわる	앉다
		いすに座る。 의자에 앉다.

出す	だす	내다, 꺼내다
		かばんから本を出す。 가방에서 책을 꺼내다.

立つ	たつ	서다, 일어서다
		ドアの前に立つ。 문 앞에 서다.

食べる	たべる	먹다
		ご飯を食べる。 밥을 먹다.

使う	つかう	사용하다, 이용하다, 쓰다
		ボールペンを使って書く。 볼펜을 사용해서 쓰다.

作る	つくる	만들다 木でいすを作る。 나무로 의자를 만들다.
つける		켜다 部屋の電気をつける。 방의 전등을 켜다.
出かける	でかける	나가다, 외출하다 買い物に出かける。 쇼핑하러 나가다.
出る	でる	나오다, 나가다, 나서다 朝早く家を出る。 아침 일찍 집을 나서다.
飛ぶ	とぶ	날다 鳥が空を飛ぶ。 새가 하늘을 날다.
撮る	とる	(사진을) 찍다 写真を撮る。 사진을 찍다.
習う	ならう	배우다 アメリカ人に英語を習う。 미국인에게 영어를 배우다.
並ぶ	ならぶ	늘어서다, 줄지어 서다, 진열되다 店の前に客が並んでいる。 가게 앞에 손님이 줄 서 있다.
並べる	ならべる	늘어놓다, 진열하다 いすを並べる。 의자를 늘어놓다.
寝る	ねる	자다 もう寝る時間です。 이제 잘 시간입니다.
登る	のぼる	오르다 山に登る。 산에 오르다.
飲む	のむ	마시다 水を飲む。 물을 마시다.
乗る	のる	(교통수단을) 타다 電車に乗る。 전철을 타다.

入る	はいる	들어가다, 들어오다
		部屋に入る。 방에 들어가다.
始まる	はじまる	시작되다
		学校が始まる。 학교가 시작되다.
話す	はなす	이야기하다
		友だちと話す。 친구와 이야기하다.
はる		붙이다
		きってをはる。 우표를 붙이다.
弾く	ひく	연주하다, 치다
		ピアノを弾く。 피아노를 치다.
降る	ふる	(눈, 비가) 내리다
		雪が降っている。 눈이 내리고 있다.
曲がる	まがる	구부러지다, 굽다, 돌다
		角を左に曲がる。 모퉁이를 왼쪽으로 돌다.
待つ	まつ	기다리다
		ここで待っています。 여기서 기다리고 있겠습니다.
磨く	みがく	닦다
		くつを磨く。 구두를 닦다.
見せる	みせる	보여주다
		友だちに写真を見せる。 친구에게 사진을 보여주다.
見る	みる	보다
		テレビを見る。 텔레비전을 보다.
持つ	もつ	들다, 가지다, 소유하다
		傘を持って出かける。 우산을 들고 외출하다.
もらう		받다
		誕生日にプレゼントをもらう。 생일에 선물을 받다.

休む	やすむ	쉬다
		風邪で学校を休む。 감기로 학교를 쉬다.
呼ぶ	よぶ	부르다, 외치다
		名前を呼ぶ。 이름을 부르다.
読む	よむ	읽다
		新聞を読む。 신문을 읽다.
分かる	わかる	알다, 이해하다
		言いたいことはよく分かります。 하고 싶은 말은 잘 알겠습니다.

青い	あおい	푸르다, 파랗다

空が青い。　하늘이 푸르다.

赤い	あかい	붉다, 빨갛다

顔が赤くなる。　얼굴이 붉어지다.

明るい	あかるい	밝다, 명랑하다

⊖暗い 어둡다

部屋が明るい。　방이 밝다.

暖かい	あたたかい	따뜻하다

暖かい春が来た。　따뜻한 봄이 왔다.

新しい	あたらしい	새롭다

⊖古い 낡다, 오래 되다

新しい家に住む。　새 집에 살다.

暑い	あつい	덥다

⊖寒い 춥다

今年の夏は暑い。　올해 여름은 덥다.

危ない	あぶない	위험하다

道路で遊ぶのは危ない。　도로에서 노는 것은 위험하다.

甘い	あまい	달다

⊖苦い 쓰다

このケーキは甘い。　이 케이크는 달다.

いい/よい		좋다

⊖悪い 나쁘다

天気がいい。　날씨가 좋다.

忙しい	いそがしい	바쁘다

⊖ひまな 한가한

仕事で忙しい。　업무로 바쁘다.

痛い	いたい	아프다

頭が痛い。　머리가 아프다.

薄い	うすい	얇다

⊖厚い 두껍다

肉を薄く切る。　고기를 얇게 자르다.

うるさい ⊖ 静(しず)かな 조용한		시끄럽다 電車(でんしゃ)の音(おと)がうるさい。 전철 소리가 시끄럽다.
おいしい ⊖ まずい 맛이 없다		맛있다 この料理(りょうり)はおいしい。 이 요리는 맛있다.
多い ⊖ 少(すく)ない 적다	おおい	많다 夏(なつ)は雨(あめ)が多(おお)い。 여름은 비가 많이 내린다.
大きい ⊖ 小(ちい)さい 작다	おおきい	크다 字(じ)を大(おお)きく書(か)く。 글씨를 크게 쓰다.
重い ⊖ 軽(かる)い 가볍다	おもい	무겁다 このかばんは重(おも)い。 이 가방은 무겁다.
おもしろい ⊖ つまらない 재미없다		재미있다 昨日(きのう)見(み)た映画(えいが)はおもしろかった。 어제 본 영화는 재미있었다.
軽い ⊖ 重(おも)い 무겁다	かるい	가볍다 このいすは軽(かる)い。 이 의자는 가볍다.
かわいい		귀엽다, 사랑스럽다 かわいい声(こえ)で歌(うた)う。 귀여운 목소리로 노래하다.
黄色い	きいろい	노랗다 黄色(きいろ)い花(はな)が咲(さ)く。 노란 꽃이 피다.
暗い ⊖ 明(あか)るい 밝다	くらい	어둡다 夜(よる)の道(みち)は暗(くら)い。 밤길은 어둡다.
黒い ⊖ 白(しろ)い 희다	くろい	검다 黒(くろ)いスーツを買(か)う。 검은 정장을 사다.
寒い ⊖ 暑(あつ)い 덥다	さむい	춥다 冬(ふゆ)は寒(さむ)い。 겨울은 춥다.
白い ⊖ 黒(くろ)い 검다	しろい	희다 白(しろ)い雪(ゆき)が降(ふ)る。 흰 눈이 내리다.

少ない おお 多い 많다	すくない	적다 この会社は休みが少ない。 이 회사는 휴일이 적다.
狭い ひろ 広い 넓다	せまい	좁다 わたしの部屋は狭い。 내 방은 좁다.
高い ひく 低い 낮다 やす 安い 싸다	たかい	① 높다 あの山は高い。 저 산은 높다. ② 비싸다 このかばんは高い。 이 가방은 비싸다.
楽しい	たのしい	즐겁다 友だちと遊んで楽しかった。 친구와 놀아서 즐거웠다.
小さい おお 大きい 크다	ちいさい	작다 小さい声で話す。 작은 목소리로 이야기하다.
近い とお 遠い 멀다	ちかい	가깝다 会社は駅に近い。 회사는 역에 가깝다.
つまらない おもしろい 재미있다		재미없다, 시시하다 この映画はつまらない。 이 영화는 시시하다.
強い よわ 弱い 약하다	つよい	강하다 今日は風が強い。 오늘은 바람이 강하다.
遠い ちか 近い 가깝다	とおい	멀다 学校は駅から遠い。 학교는 역에서 멀다.
ない		없다 時間がない。 시간이 없다.
長い みじか 短い 짧다	ながい	길다 電話で長く話す。 전화로 길게 이야기하다.

48

速い	はやい	① 움직임이 빠르다
早い		この車はスピードが速い。 이 차는 속도가 빠르다.
⊜ 遅い 느리다		② 시간이 이르다
		朝早く起きる。 아침 일찍 일어나다.

低い	ひくい	낮다
⊜ 高い 높다		田中さんは背が低い。 다나카 씨는 키가 작다.

広い	ひろい	넓다
⊜ 狭い 좁다		家の前に広い公園がある。 집 앞에 넓은 공원이 있다.

古い	ふるい	낡다, 오래되다
⊜ 新しい 새롭다		かばんが古くなる。 가방이 낡아지다.

まずい		맛이 없다
⊜ おいしい 맛있다		まずくて食べたくない。 맛 없어서 먹고 싶지 않다.

丸い	まるい	둥글다
		ボールは丸い。 공은 둥글다.

短い	みじかい	짧다
⊜ 長い 길다		髪を短く切る。 머리카락을 짧게 자르다.

難しい	むずかしい	어렵다
⊜ 易しい 쉽다		難しい漢字を書く。 어려운 한자를 쓰다.

安い	やすい	싸다
⊜ 高い 비싸다		この店は安くておいしい。 이 가게는 싸고 맛있다.

弱い	よわい	약하다
⊜ 強い 강하다		体が弱い。 몸이 약하다.

悪い	わるい	나쁘다
⊜ いい 좋다		天気が悪い。 날씨가 나쁘다.

あんな		저런, 그런

あんなまずい店には行きたくない。
그런 맛이 없는 가게에는 가고 싶지 않다.

| **いやな** | | 싫은 |

仕事がいやになる。 일이 싫어지다.

| **いろいろな** | | 여러 가지, 갖가지 |

いろいろな花が咲く。 갖가지 꽃이 피다.

| **大きな** | おおきな | 큰, 커다란 |

家のそばに大きな木がある。
집 근처에 커다란 나무가 있다.

| **同じな** | おなじな | 같은(뒤에 명사가 오면 な는 생략) |

兄と同じ学校に入学する。
형(오빠)과 같은 학교에 입학하다.

| **簡単な** | かんたんな | 간단한 |
| ➡ **複雑な** 복잡한 | | |

簡単に説明する。 간단하게 설명하다.

| **きらいな** | | 싫어하는 |
| ➡ **好きな** 좋아하는 | | |

魚はきらいだ。 생선은 싫어한다.

| **きれいな** | | ① 예쁜 |

きれいな花が咲く。 예쁜 꽃이 피다.

② 깨끗한

| ➡ **汚い** 더럽다 | | |

部屋をきれいにする。 방을 깨끗하게 하다.

| **元気な** | げんきな | 건강한, 활기찬 |

早く元気になってください。 빨리 건강해지세요.

| **こんな** | | 이런 |

こんなことをしてはいけない。 이런 일을 해선 안 된다.

| **静かな** | しずかな | 조용한 |
| ➡ **うるさい** 시끄럽다 | | |

静かにしなさい。 조용히 하세요.

上手な	じょうずな	능숙한, 잘하는
⊖ 下手な 서투른		英語を上手に話す。 영어를 능숙하게 말하다.

丈夫な	じょうぶな	튼튼한
		このくつは丈夫だ。 이 구두는 튼튼하다.

好きな	すきな	좋아하는
⊖ きらいな 싫어하는		弟は甘いものが好きだ。 남동생은 단 것을 좋아한다.

そんな		그런
		そんな物はほしくない。 그런 물건은 갖고 싶지 않다.

大丈夫な	だいじょうぶな	괜찮은, 문제없는
		時間は大丈夫ですか。 시간은 괜찮습니까?

大好きな	だいすきな	매우 좋아하는, 무척 좋아하는
		ゲームが大好きだ。 게임을 무척 좋아한다.

大変な	たいへんな	중대한, 대단한, 힘든
		この仕事はなかなか大変だ。 이 일은 상당히 힘들다.

小さな	ちいさな	작은
⊖ 大きな 큰		小さな家に住む。 작은 집에 살다.

どんな		어떤
		どんな本が好きですか。 어떤 책을 좋아합니까?

にぎやかな		번화한, 북적이는, 떠들썩한
		この町はにぎやかだ。 이 거리는 북적인다.

ひまな		한가한
		明日はひまです。 내일은 한가합니다.

便利な	べんりな	편리한
⊖ 不便な 불편한		近くにスーパーがあって便利だ。 근처에 슈퍼마켓이 있어서 편리하다.

有名な	ゆうめいな	유명한
		彼の作品は有名だ。 그의 작품은 유명하다.

あまり		**별로, 그다지** 甘いものはあまり好きではない。 단 것은 별로 좋아하지 않는다.
一番	いちばん	**제일, 가장** りんごが一番好きです。 사과를 제일 좋아합니다.
いつ		**언제** いつ日本に来ましたか。 언제 일본에 오셨나요?
いっしょに		**함께, 같이** 母といっしょに出かける。 어머니와 함께 외출하다.
いつも		**언제나, 항상, 늘** いつも歩いて学校に行く。 항상 걸어서 학교에 간다.
おおぜい		**많이(명사로 쓰이는 경우 '많은 사람들'이라는 의미)** 人がおおぜい集まる。 사람이 많이 모이다.
すぐ ●すぐに		**곧, 바로, 즉시** もうすぐ冬になる。 이제 곧 겨울이 된다.
少し	すこし	**조금** お酒を少し飲む。 술을 조금 마시다.
全部	ぜんぶ	**전부** 料理を全部食べる。 요리를 전부 먹다.
たいへん		**매우, 대단히** たいへんおもしろい。 매우 재미있다.
たくさん		**많이** ご飯をたくさん食べる。 밥을 많이 먹다.
だんだん		**점점, 차츰** だんだん寒くなる。 점점 추워지다.

ちょっと		조금, 잠깐

ちょっと待ってください。 잠깐 기다려 주세요.

どう		어떻게

どうしましょうか。 어떻게 할까요?

どうして		어째서, 왜
⊖ なぜ

どうして来なかったの？ 왜 안 왔어?

どうも		정말, 참으로(사과나 감사의 인사말을 강조)

どうもすみません。 정말 죄송합니다.

時々	ときどき	때때로, 가끔

時々映画を見に行く。 가끔 영화를 보러 간다.

とても		매우, 아주, 무척

今日はとても寒い。 오늘은 매우 춥다.

なぜ		어째서, 왜
⊖ どうして

なぜ遅刻したの？ 왜 지각했어?

また		또

あしたまた来ます。 내일 또 오겠습니다.

まだ		아직

まだ雨が降っている。 아직 비가 내리고 있다.

まっすぐ		곧장, 똑바로

まっすぐ家に帰る。 곧장 집에 돌아가다.

もう一度	もういちど	한 번 더, 다시 한 번

もう一度言ってください。 한 번 더 말해 주세요.

もっと		더욱, 더

もっと寒くなる。 더 추워지다.

ゆっくり		천천히, 느긋하게

ゆっくり歩く。 천천히 걷다.

| あの | 저 〈연체사〉 |
| | あの<ruby>人<rt>ひと</rt></ruby>は<ruby>誰<rt>だれ</rt></ruby>ですか。 저 사람은 누구입니까? |

| この | 이 〈연체사〉 |
| | このかばんは<ruby>誰<rt>だれ</rt></ruby>のですか。 이 가방은 누구의 것입니까? |

| その | 그 〈연체사〉 |
| | その<ruby>時計<rt>とけい</rt></ruby>はどこで<ruby>買<rt>か</rt></ruby>いましたか。 그 시계는 어디서 샀습니까? |

| どの | 어느 〈연체사〉 |
| | どの<ruby>本<rt>ほん</rt></ruby>を<ruby>買<rt>か</rt></ruby>いましょうか。 어느 책을 살까요? |

| でも | 그렇지만, 하지만 〈접속사〉 |
| ⊜ しかし 하지만, 그러나 | <ruby>3月<rt>さんがつ</rt></ruby>になった。でも、まだ<ruby>寒<rt>さむ</rt></ruby>い。 3월이 되었다. 그렇지만 아직 춥다. |

| ～くらい/～ぐらい | ～정도 〈조사〉 |
| | <ruby>時間<rt>じかん</rt></ruby>はどれくらいかかりますか。 시간은 어느 정도 걸립니까? |

～ずつ	～씩 〈조사〉
	<ruby>子<rt>こ</rt></ruby>どもたちにお<ruby>菓子<rt>かし</rt></ruby>を<ruby>二<rt>ふた</rt></ruby>つずつあげる。
	아이들에게 과자를 두 개씩 주다.

| ～だけ | ～만, ～뿐 〈조사〉 |
| | あなただけに<ruby>話<rt>はな</rt></ruby>す。 당신에게만 이야기하겠다. |

アパート	아파트, 공동 주택, 연립 주택
	アパートに住んでいる。 공동 주택에 살고 있다.

エレベーター	엘리베이터, 승강기
	エレベーターに乗る。 엘리베이터를 타다.

カップ	(손잡이가 있는) 컵
	カップにコーヒーを入れる。 컵에 커피를 담다.

カメラ	카메라
	カメラで写真を撮る。 카메라로 사진을 찍다.

カレンダー	캘린더, 달력
	誕生日をカレンダーに書く。 생일을 달력에 쓰다.

ギター	기타
	ギターを弾く。 기타를 치다.

クラス	반, 학급, 등급
	わたしのクラスは15人です。 우리 반은 15명입니다.

グラス	유리잔, 유리컵
	グラスでワインを飲む。 유리잔으로 와인을 마시다.

コート	코트, 외투
	コートを着て、家を出る。 코트를 입고 집을 나서다.

コーヒー	커피
	一杯のコーヒーを飲む。 한 잔의 커피를 마시다.

コップ	컵
	コップで水を飲む。 컵으로 물을 마시다.

コピー	복사
	コピーをとる。 복사하다.

シャツ	셔츠
	シャツを洗う。 셔츠를 빨다.

シャワー	샤워
	シャワーをあびる。 샤워를 하다.

スカート	스커트, 치마
	このスカートはちょっと短い。 이 치마는 조금 짧다.

ストーブ	스토브, 난로
	ストーブをつける。 난로를 켜다.

スプーン	스푼, 숟가락
	スプーンでカレーを食べる。 숟가락으로 카레를 먹다.

スポーツ	스포츠
	スポーツの中では野球が好きです。 스포츠 중에서는 야구를 좋아합니다.

ズボン	바지
	ズボンをはく。 바지를 입다.

セーター	스웨터
	このセーターは暖かい。 이 스웨터는 따뜻하다.

ゼロ	제로, 0(숫자), 없음
	ゼロから始める。 제로에서 시작하다.

タクシー	택시
	タクシーで行く。 택시로 가다.

テープ	테이프
	テープを切る。 테이프를 자르다.

テーブル	테이블, 탁자
	テーブルの上にお皿を置く。 탁자 위에 접시를 놓다.

テスト	테스트, 시험
	これからテストを始めます。 지금부터 시험을 시작하겠습니다.

デパート	**백화점** デパートで買い物をする。 백화점에서 쇼핑을 하다.
テレビ	**텔레비전, 티브이** テレビを見る。 텔레비전을 보다.
ドア	**문** ドアを開ける。 문을 열다.
トイレ	**화장실** トイレに行く。 화장실에 가다.
ナイフ	**나이프, 칼** ナイフで肉を切る。 나이프로 고기를 자르다.
ネクタイ	**넥타이** プレゼントにネクタイを買う。 선물로 넥타이를 사다.
ノート	**노트, 공책, 필기, 메모** ノートをとる。 필기를 하다.
パーティー	**파티** パーティーを開く。 파티를 열다.
バス	**버스** バスに乗って会社に行く。 버스를 타고 회사에 가다.
パン	**빵** 今朝パンを食べました。 오늘 아침 빵을 먹었습니다.
ハンカチ	**손수건** ハンカチをもらう。 손수건을 받다.
ビル	**빌딩** 高いビルが並んでいる。 높은 빌딩이 늘어서 있다.
ペン	**펜** ペンで字を書く。 펜으로 글씨를 쓰다.

ボールペン
볼펜

名前は黒いボールペンで書いてください。
이름은 검은 볼펜으로 써 주세요.

ポケット
주머니

ポケットに手を入れる。 주머니에 손을 넣다.

ボタン
버튼, 단추

ボタンを押す。 버튼을 누르다.

ホテル
호텔

ホテルでパーティーをする。 호텔에서 파티를 하다.

メートル
미터

家の前に高さ10メートルぐらいの木がある。
집 앞에 높이 10미터 정도의 나무가 있다.

ラーメン
라면

ラーメンを食べる。 라면을 먹다.

ラジオ
라디오

ラジオでニュースを聞く。 라디오로 뉴스를 듣다.

レストラン
레스토랑, 서양식 음식점

レストランで食事をする。 레스토랑에서 식사를 하다.

ワイシャツ
와이셔츠

ワイシャツにネクタイをする。 와이셔츠에 넥타이를 하다.

ありがとうございます		감사합니다
いいえ		아니요
いただきます		잘 먹겠습니다
いらっしゃいませ		어서 오십시오 〈주로 가게에서 손님에게〉
おねがいします		부탁합니다
おはようございます		안녕하세요 〈아침 인사〉
お休みなさい	おやすみなさい	안녕히 주무세요
ごちそうさまでした		잘 먹었습니다
こちらこそ		저야말로
ごめんなさい		미안합니다
こんにちは		안녕하세요 〈낮 인사〉
こんばんは		안녕하세요 〈저녁 인사〉
さようなら		안녕, 잘 가요 〈오랜 기간 헤어짐〉
失礼します	しつれいします	실례합니다
すみません		미안합니다, 실례합니다
どういたしまして		천만에요
どうぞ		자, 어서, 부디 〈권유나 부탁〉
はい		네
はじめまして		처음 뵙겠습니다
もしもし		여보세요
よろしくお願いします	よろしくおねがいします	잘 부탁합니다

JLPT 보카

N5

문자 · 어휘
모의고사

もんだい1 ＿＿＿ の ことばは ひらがなで どう かきますか。1・2・3・4から いちばん いい ものを ひとつ えらんで ください。

1 あさから 雨が ふって います。

　1 あめ　　　　2 くも　　　　3 ゆき　　　　4 かぜ

2 午後から てんきが よく なりました。

　1 こご　　　　2 ごご　　　　3 こごう　　　　4 ごごう

3 きのう たなかさんに 会いました。

　1 かいました　　2 いいました　　3 あいました　　4 すいました

4 毎朝、7じに おきます。

　1 けさ　　　　2 あさって　　　　3 まいにち　　　　4 まいあさ

5 きょうは 火よう日です。

　1 すいようび　　2 どようび　　　3 かようび　　　4 にちようび

6 りんごを 二つ かいました。

　1 につ　　　　2 ふたつ　　　　3 いつつ　　　　4 ここのつ

7 きょうは 外へ でないで いえに います。

　1 そと　　　　2 おと　　　　3 あと　　　　4 ひと

もんだい2 ＿＿＿＿ の ことばは どう かきますか。１・２・３・４から
　　　　　　いちばん いい ものを ひとつ えらんで ください。

8 この シャツは おおきいです。

　　1 大きい　　　　2 天きい　　　　3 太きい　　　　4 犬きい

9 わたしの くには やまが おおいです。

　　1 林　　　　　　2 川　　　　　　3 山　　　　　　4 花

10 これを ちょっと みて ください。

　　1 貝て　　　　　2 見て　　　　　3 目て　　　　　4 具て

11 この くるまは たかいですね。

　　1 高　　　　　　2 車　　　　　　3 古　　　　　　4 事

12 らいねん けっこんします。

　　1 来年　　　　　2 今年　　　　　3 来週　　　　　4 今週

もんだい3 (　　　) に　なにが　はいりますか。1・2・3・4から　いち
　　　ばん　いい　ものを　ひとつ　えらんで　ください。

13 ようかの　つぎは　(　　　)です。

　　1 とおか　　　　2 なのか　　　　3 ここのか　　4 みっか

14 えきで　でんしゃの　(　　　)を　かいました。

　　1 きって　　　　2 きっぷ　　　　3 ざっし　　　4 さっし

15 わたしは　いつも　よる　(　　　)　ねます。

　　1 とおく　　　　2 はやく　　　　3 ほそく　　　4 ちかく

16 きってを　3(　　　)　ください。

　　1 まい　　　　　2 ほん　　　　　3 かい　　　　4 ふん

17 (　　　)で　かいものを　しました。

　　1 スカート　　　2 デパート　　　3 ポケット　　4 アパート

18 (　　　)　えいがを　みに　いきませんか。

　　1 きのう　　　　2 ゆうべ　　　　3 おととい　　4 あした

もんだい4 ＿＿＿＿の ぶんと だいたい おなじ いみの ぶんが ありま
す。1・2・3・4から いちばん いい ものを ひとつ え
らんで ください。

19 この りょうりは かんたんです。

1 この りょうりは やさしいです。

2 この りょうりは たいへんです。

3 この りょうりは つまらないです。

4 この りょうりは おいしいです。

20 シャツを せんたくしました。

1 シャツを きました。

2 シャツを ぬぎました。

3 シャツを あらいました。

4 シャツを かいました。

21 この へやは ひろいです。

1 この へやは せまいです。

2 この へやは せまく ないです。

3 この へやは あかるいです。

4 この へやは あかるく ないです。

もんだい1 ＿＿＿の ことばは ひらがなで どう かきますか。1・2・
3・4から いちばん いい ものを ひとつ えらんで くだ
さい。

1 おおきな 声で いって ください。

1 うた 　　　　2 こえ 　　　　3 おと 　　　　4 くち

2 きょうは とても 忙しかった。

1 いそがしかった 　　　　2 すずしかった
3 たのしかった 　　　　4 むずかしかった

3 とりが そらを 飛んで います。

1 きいて 　　　　2 いれて 　　　　3 とんで 　　　　4 おして

4 ともだちと 電話で はなしました。

1 かいわ 　　　　2 がいわ 　　　　3 てんわ 　　　　4 でんわ

5 この みせは、 ラーメンが 有名です。

1 ゆめい 　　　　2 ゆうめい 　　　　3 よめい 　　　　4 ようめい

6 もうすぐ 春ですね。

1 あき 　　　　2 ふゆ 　　　　3 なつ 　　　　4 はる

7 手を よく 洗って ください。

1 あらって 　　　　2 つくって 　　　　3 すわって 　　　　4 つかって

もんだい2 ＿＿＿の ことばは どう かきますか。1・2・3・4から
いちばん いい ものを ひとつ えらんで ください。

8 この 部屋は あかるいです。

1 赤い 　　　　2 明い 　　　　3 赤るい 　　　　4 明るい

9 まどを あけないで ください。

1 開けないで 　　　　　　　　2 閉けないで

3 門けないで 　　　　　　　　4 聞けないで

10 てーぶるの うえに ケーキが あります。

1 ケーブル 　　　2 テーブル 　　　3 ケーブレ 　　　4 テーブレ

11 おんがくを ききながら べんきょうします。

1 昔楽 　　　　2 音楽 　　　　3 昔薬 　　　　4 音薬

12 ともだちと おなじ ノートを かいました。

1 固じ 　　　　2 回じ 　　　　3 同じ 　　　　4 周じ

もんだい3 （　　　）に なにが はいりますか。1・2・3・4から いち
ばん いい ものを ひとつ えらんで ください。

13 ほんだなに ほんを （　　　）。

1 ならいました　　　　　　　2 ならしました
3 ならびました　　　　　　　4 ならべました

14 おじいさんは ことし 80さいですが、とても （　　　）です。

1 かんたん　　　2 ざんねん　　　3 げんき　　　　4 べんり

15 でんきを けす ときは、この ボタンを （　　　）くださ
い。

1 おして　　　　2 つけて　　　3 きって　　　4 ならって

16 としょかんに 本^{ほん}を （　　　）。

1 かしました　　　　　　　2 かえりました
3 かえしました　　　　　　4 かけました

17 よる はを （　　　）から ねます。

1 はじまって　　2 きいて　　　3 うたって　　4 みがいて

18 （　　　）に のって 5かいに 行^いきます。

1 スポーツ　　　　　　　　2 テスト
3 エレベーター　　　　　　4 レストラン

もんだい4 ＿＿＿の ぶんと だいたい おなじ いみの ぶんが ありま
　　　　す。1・2・3・4から いちばん いい ものを ひとつ え
　　　　らんで ください。

19　いつも　8じに　いえを　でて、　がっこうに　いきます。

　　1 まいあさ　8じに　でかけます。

　　2 まいあさ　8じに　かえります。

　　3 ときどき　8じに　でかけます。

　　4 ときどき　8じに　かえります。

20　この　ケーキは　おいしく　ないです。

　　1 この　ケーキは　あまいです。

　　2 この　ケーキは　たかいです。

　　3 この　ケーキは　まずいです。

　　4 この　ケーキは　ちいさいです。

21　きょうしつの　まどは　あいて　います。

　　1 きょうしつの　まどは　あきません。

　　2 きょうしつの　まどは　しまって　いません。

　　3 きょうしつの　まどは　きれいに　なって　います。

　　4 きょうしつの　まどは　ありません。

もんだい1 ＿＿＿の ことばは ひらがなで どう かきますか。1・2・
3・4から いちばん いい ものを ひとつ えらんで くだ
さい。

1　きょうは　天気が　いいです。

1 けんき　　　　2 げんき　　　　3 てんき　　　　4 でんき

2　いまから　会社に　行きます。

1 かいさ　　　　2 がいさ　　　　3 かいしゃ　　　　4 がいしゃ

3　がっこうの　まえに　公園が　あります。

1 かいいん　　　2 かうえん　　　3 こうえん　　　4 こんいん

4　きのうは　いえで　ゆっくり　休みました。

1 やすみました　　　　　　　2 たのみました
3 のみました　　　　　　　　4 すみました

5　きのう　ともだちに　手紙を　かきました。

1 てかみ　　　　2 てがみ　　　　3 はかき　　　　4 はがき

6　一日は　にじゅうよじかんです。

1 いちにち　　　2 ひとにち　　　3 いつじつ　　　4 ひとじつ

7　この　道は　せまいです。

1 まえ　　　　　2 まち　　　　　3 みぎ　　　　　4 みち

もんだい2 ＿＿＿ の ことばは どう かきますか。1・2・3・4から
いちばん いい ものを ひとつ えらんで ください。

8 この しろい シャツを ください。

1 赤い　　　　2 白い　　　　3 青い　　　　4 黒い

9 きのうの よるから ゆきが ふって います。

1 夜　　　　2 昼　　　　3 朝　　　　4 晩

10 まだ たべないで ください。

1 話べないで　　　　　　　2 行べないで
3 食べないで　　　　　　　4 開べないで

11 くるまの うしろに さとうさんが います。

1 係ろ　　　　2 彼ろ　　　　3 後ろ　　　　4 待ろ

12 なつやすみに がいこくへ 行きたいです。

1 各国　　　　2 列国　　　　3 中国　　　　4 外国

もんだい3 （　　　）に　なにが　はいりますか。1・2・3・4から　いち
　　　　　ばん　いい　ものを　ひとつ　えらんで　ください。

13　　はやしさんは　くろい　ぼうしを　（　　　）　います。
　　　　1 きて　　　　　　2 はいて　　　　　3 かぶって　　　4 かけて

14　　この　ほんは　（　　　）　かるいです。
　　　　1 うすくて　　　　2 おおくて　　　　3 おもくて　　　4 ふるくて

15　　新聞は　そこに　（　　　）　ください。
　　　　1 さいて　　　　　2 おいて　　　　　3 はいって　　　4 すわって

16　　コーヒーに　さとうを　いれて　（　　　）　して　のみました。
　　　　1 あまく　　　　　2 つよく　　　　　3 あつく　　　　4 うすく

17　　ごはんを　たべた　あとは　「（　　　）」と　いいます。
　　　　1 おねがいします　　　　　　　2 いただきます
　　　　3 ごちそうさまでした　　　　　4 どういたしまして

18　　もう　（　　　）　ゆっくり　いって　ください。
　　　　1 いちど　　　　　2 いっぷん　　　　3 いくつ　　　　　4 いちまい

もんだい4 _____の ぶんと だいたい おなじ いみの ぶんが ありま
す。1・2・3・4から いちばん いい ものを ひとつ え
らんで ください。

19 へやの でんきを つけました。

　　1 へやを あかるく しました。

　　2 へやを くらく しました。

　　3 へやを すずしく しました。

　　4 へやを あたたかく しました。

20 きのう としょかんへ いきました。

　　1 きのう としょかんで かいものを しました。

　　2 きのう としょかんで ほんを かりました。

　　3 きのう としょかんで やきゅうを しました。

　　4 きのう としょかんで ごはんを たべました。

21 この ビルは ふるいです。

　　1 この ビルは ひろく ありません。

　　2 この ビルは さむく ありません。

　　3 この ビルは あかるく ありません。

　　4 この ビルは あたらしく ありません。

1 ①	2 ②	3 ③	4 ④	5 ③	6 ②	7 ①	8 ①	9 ③	10 ②
11 ②	12 ①	13 ③	14 ②	15 ②	16 ①	17 ②	18 ④	19 ①	20 ③
21 ②									

1회 해석

| 문제1 |

1   あさから　雨(あめ)が　ふって　います。
아침부터 비가 내리고 있습니다.

2   午後(ごご)から　てんきが　よく　なりました。
오후부터 날씨가 좋아졌습니다.

3   きのう　たなかさんに　会いました(あいました)。
어제 다나카 씨를 만났습니다.

4   毎朝(まいあさ)、７じに　おきます。
매일 아침 7시에 일어납니다.

5   きょうは　火よう日(かようび)です。
오늘은 화요일입니다.

6   りんごを　二つ(ふたつ)　かいました。
사과를 두 개 샀습니다.

7   きょうは　外(そと)へ　でないで　いえに　います。
오늘은 밖에 나가지 않고 집에 있습니다.

| 문제2 |

8   この　シャツは　おおきい(大きい)です。
이 셔츠는 큽니다.

9   わたしの　くには　やま(山)が　おおいです。
우리나라는 산이 많습니다.

10   これを　ちょっと　みて(見て)　ください。
이것을 좀 보세요.

11 この　くるま(車)は　たかいですね。
이 자동차는 비싸네요.

12 らいねん(来年)　けっこんします。
내년에 결혼합니다.

| 문제3 |

13 ようかの　つぎは　ここのかです。
8일 다음은 9일입니다.

14 えきで　でんしゃの　きっぷを　かいました。
역에서 전철표를 샀습니다.

15 わたしは　いつも　よる　はやく　ねます。
나는 언제나 밤에 일찍 잡니다.

16 きってを　3まい　ください。
우표를 3장 주세요.

17 デパートで　かいものを　しました。
백화점에서 쇼핑을 했습니다.

18 あした　えいがを　みに　いきませんか。
내일 영화 보러 가지 않겠습니까?

| 문제4 |

19 この　りょうりは　かんたんです。
이 요리는 간단합니다.

＝ この　りょうりは　やさしいです。
이 요리는 쉽습니다.

20 シャツを　せんたくしました。
셔츠를 세탁했습니다.

＝ シャツを　あらいました。
셔츠를 빨았습니다.

21 この　へやは　ひろいです。
이 방은 넓습니다.

＝ この　へやは　せまく　ないです。
이 방은 좁지 않습니다.

1 ②	2 ①	3 ③	4 ④	5 ②	6 ④	7 ①	8 ④	9 ①	10 ②
11 ②	12 ③	13 ④	14 ③	15 ①	16 ③	17 ④	18 ③	19 ①	20 ③
21 ②									

2회 해석

| 문제1 |

1 おおきな 声(こえ)で いって ください。
큰 목소리로 말해 주세요.

2 きょうは とても 忙しかった(いそがしかった)。
오늘은 매우 바빴다.

3 とりが そらを 飛んで(とんで) います。
새가 하늘을 날고 있습니다.

4 ともだちと 電話(でんわ)で はなしました。
친구와 전화로 이야기했습니다.

5 この みせは、 ラーメンが 有名(ゆうめい)です。
이 가게는 라면이 유명합니다.

6 もうすぐ 春(はる)ですね。
이제 곧 봄이네요.

7 手を よく 洗って(あらって) ください。
손을 잘 씻어 주세요.

| 문제2 |

8 この 部屋は あかるい(明るい)です。
이 방은 밝습니다.

9 まどを あけないで(開けないで) ください。
창문을 열지 말아 주세요.

10 てーぶる(テーブル)の うえに ケーキが あります。
테이블 위에 케이크가 있습니다.

11 おんがく(音楽)を　ききながら　べんきょうします。

음악을 들으면서 공부합니다.

12 ともだちと　おなじ(同じ)　ノートを　かいました。

친구와 **똑같은** 노트를 샀습니다.

| 문제3 |

13 ほんだなに　ほんを　ならべました。

책장에 책을 **진열했습니다.**

14 おじいさんは　ことし　80さいですが、　とても　げんきです。

할아버지는 올해 80세이신데 무척 **건강하십니다.**

15 でんきを　けす　ときは、　この　ボタンを　おして　ください。

전기를 끌 때는 이 버튼을 **눌러** 주세요.

16 としょかんに　本を　かえしました。

도서관에 책을 **돌려주었습니다.**

17 よる　はを　みがいてから　ねます。

밤에 이를 **닦고** 나서 잡니다.

18 エレベーターに　のって　5かいに　行きます。

엘리베이터를 타고 5층에 갑니다.

| 문제4 |

19 いつも　8じに　いえを　でて、　がっこうに　いきます。

항상 8시에 집을 나와 학교에 갑니다.

＝ まいあさ　8じに　でかけます。

매일 아침 8시에 외출합니다.

20 この　ケーキは　おいしく　ないです。

이 케이크는 맛있지 않습니다.

＝ この　ケーキは　まずいです。

이 케이크는 맛이 없습니다.

21 きょうしつの　まどは　あいて　います。

교실 창문은 열려 있습니다.

＝ きょうしつの　まどは　しまって　いません。

교실 창문은 닫혀 있지 않습니다.

1 ③	2 ③	3 ③	4 ①	5 ②	6 ①	7 ④	8 ②	9 ①	10 ③
11 ③	12 ④	13 ③	14 ①	15 ②	16 ①	17 ③	18 ①	19 ①	20 ②
21 ④									

3회 해석

| 문제1 |

1 きょうは　天気(てんき)が　いいです。
오늘은 날씨가 좋습니다.

2 いまから　会社(かいしゃ)に　行(い)きます。
지금부터 회사에 갑니다.

3 がっこうの　まえに　公園(こうえん)が　あります。
학교 앞에 공원이 있습니다.

4 きのうは　いえで　ゆっくり　休みました(やすみました)。
어제는 집에서 푹 쉬었습니다.

5 きのう　ともだちに　手紙(てがみ)を　かきました。
어제 친구에게 편지를 썼습니다.

6 一日(はいちにち)は　にじゅうよじかんです。
하루는 24시간입니다.

7 この　道(みち)は　せまいです。
이 길은 좁습니다.

| 문제2 |

8 この　しろい(白い)　シャツを　ください。
이 흰 셔츠를 주세요.

9 きのうの　よる(夜)から　ゆきが　ふって　います。
어젯밤부터 눈이 내리고 있습니다.

10 まだ　たべないで(食べないで)　ください。
아직 먹지 마세요.

11 くるまの　うしろ(後ろ)に　さとうさんが　います。
자동차의 뒤쪽에 사토 씨가 있습니다.

12 なつやすみに　がいこく(外国)へ　行(い)きたいです。
여름휴가에 외국에 가고 싶습니다.

| 문제3 |

13 はやしさんは　くろい　ぼうしを　かぶって　います。
하야시 씨는 검은 모자를 쓰고 있습니다.

14 この　ほんは　うすくて　かるいです。
이 책은 얇아서 가볍습니다.

15 新聞(しんぶん)は　そこに　おいて　ください。
신문은 거기에 놓아 주세요.

16 コーヒーに　さとうを　いれて　あまく　して　のみました。
커피에 설탕을 넣어 달게 해서 마셨습니다.

17 ごはんを　たべた　あとは　「ごちそうさまでした」と　いいます。
밥을 먹은 후에는 "잘 먹었습니다"라고 말합니다.

18 もう　いちど　ゆっくり　いって　ください。
한 번 더 천천히 말해 주세요.

| 문제4 |

19 へやの　でんきを　つけました。
방의 전기를 켰습니다.

= へやを　あかるく　しました。
방을 밝게 했습니다.

20 きのう　としょかんへ　いきました。
어제 도서관에 갔습니다.

= きのう　としょかんで　ほんを　かりました。
어제 도서관에서 책을 빌렸습니다.

21 この　ビルは　ふるいです。
이 빌딩은 낡았습니다.

= この　ビルは　あたらしく　ありません。
이 빌딩은 새롭지 않습니다.

memo

memo

JLPT 보카 N4

합격단어

명사 | 동사 | い형용사 | な형용사
부사 | 기타 | 가타카나 | 인사말

あいさつ		인사 あいさつをする。 인사하다.
間	あいだ	사이, 동안 家と学校の間に公園がある。 집과 학교 사이에 공원이 있다.
赤ちゃん	あかちゃん	아기 赤ちゃんが泣く。 아기가 울다.
あご		턱 あごが痛い。 턱이 아프다.
朝	あさ	아침 朝早く起きる。 아침 일찍 일어나다.
味	あじ	맛 味を見る。 맛을 보다.
足音	あしおと	발소리 足音が聞こえる。 발소리가 들리다.
汗	あせ	땀 汗をかく。 땀을 흘리다.
遊び	あそび	놀이 遊びを楽しむ。 놀이를 즐기다.
暑さ	あつさ	더위 厳しい暑さが続く。 혹독한 더위가 계속되다.
飴	あめ	사탕, 엿 飴を口に入れる。 사탕을 입에 넣다.
安心	あんしん	안심 親を安心させる。 부모를 안심시키다.

案内	あんない	안내
		道を案内する。 길을 안내하다.

以下	いか	이하
		小学生以下は入場できません。 초등학생 이하는 입장할 수 없습니다.

以外	いがい	이외
		それ以外は問題ない。 그 외에는 문제없다.

医学	いがく	의학
		医学を学ぶ。 의학을 배우다.

生き方	いきかた	생활 방식
		生き方を変える。 생활 방식을 바꾸다.

意見	いけん	의견
		意見を言う。 의견을 말하다.

石	いし	돌
		石を投げる。 돌을 던지다.

以上	いじょう	이상
		以上で終わります。 이상으로 마치겠습니다.

一度	いちど	한 번, 한번
		一度会ってみます。 한번 만나보겠습니다.

一日中	いちにちじゅう	하루 종일
		一日中寝ている。 하루 종일 자고 있다.

糸	いと	실
		糸が細い。 실이 가늘다.

以内	いない	이내
		一時間以内に着く。 한 시간 이내에 도착한다.

田舎	いなか	시골
		田舎で暮らす。 시골에서 살다.

N4

命	いのち	목숨, 생명
		命を大切にする。 생명을 소중히 하다.
居間	いま	거실
		居間でテレビを見る。 거실에서 텔레비전을 보다.
色紙	いろがみ	색종이
		色紙に書く。 색종이에 쓰다.
飲酒	いんしゅ	음주
		飲酒運転は危ない。 음주 운전은 위험하다.
受付	うけつけ	접수
		受付をする。 접수를 하다.
うそ		거짓말
		うそをつく。 거짓말을 하다.
内	うち	안, 속
		外から内に入る。 밖에서 안으로 들어가다.
内側	うちがわ	안쪽
		歩道の内側を歩く。 보도 안쪽으로 걷다.
裏	うら	뒤쪽, 반대쪽
		家の裏に大きな木がある。 집 뒤쪽에 큰 나무가 있다.
売り場	うりば	매장
		売り場を探す。 매장을 찾다.
運	うん	운, 운수, 운명
		運がいい。 운이 좋다.
運転	うんてん	운전
		車を運転する。 자동차를 운전하다.
運転手	うんてんしゅ	운전수, 운전사
		運転手になる。 운전사가 되다.

運動会	うんどうかい	운동회 運動会を行う。 운동회를 하다.
英会話	えいかいわ	영어 회화 英会話を習う。 영어 회화를 배우다.
映画館	えいがかん	영화관 映画館に行く。 영화관에 가다.
営業	えいぎょう	영업 営業を始める。 영업을 시작하다.
駅員	えきいん	역무원 駅員に聞く。 역무원에게 묻다.
枝	えだ	가지 枝を折る。 가지를 꺾다.
遠慮	えんりょ	사양, 삼감 たばこは遠慮してください。 담배는 삼가 주세요.
お祝い	おいわい	축하, 축하 선물 入学のお祝いにプレゼントをあげる。 입학 축하로 선물을 주다.
横断歩道	おうだんほどう	횡단보도 横断歩道を渡る。 횡단보도를 건너다.
大雨	おおあめ	큰비, 폭우 大雨が降る。 큰비가 내리다.
大家 ⊖家主	おおや	집주인 大家さんにあいさつする。 집주인에게 인사하다.
大雪	おおゆき	폭설 大雪で動けない。 폭설로 움직일 수 없다.
おかげ		덕분 あなたのおかげです。 당신 덕분입니다.

億	おく	억
		一億円を集める。 일억 엔을 모으다.

奥様	おくさま	부인, 사모님(타인의 부인을 높여 부름)
		奥様に会う。 사모님을 만나다.

屋上	おくじょう	옥상
		屋上に上がる。 옥상에 올라가다.

贈り物	おくりもの	선물
		贈り物を渡す。 선물을 건네다.

お子さん	おこさん	자녀분
		お子さん、可愛いですね。 자녀분이 귀엽네요.

おじ		삼촌, 숙부, 백부, 이모부, 고모부
		おじに電話する。 삼촌에게 전화하다.

押入れ	おしいれ	벽장
		押入れを片付ける。 벽장을 정리하다.

おしまい		끝
		これで今日の仕事はおしまいだ。 이것으로 오늘 일은 끝이다.

お嬢さん	おじょうさん	아가씨, 따님
		お嬢さんはお元気ですか。 따님은 잘 지내십니까?

お宅	おたく	댁
		先生のお宅を訪問する。 선생님 댁을 방문하다.

夫	おっと	남편
		夫が掃除している。 남편이 청소하고 있다.

おつり		거스름돈
		おつりをもらう。 거스름돈을 받다.

お手洗い ⊜ トイレ	おてあらい	화장실
		お手洗いに行く。 화장실에 가다.

お出かけ	おでかけ	외출 お出かけの準備をする。 외출 준비를 하다.
音	おと	소리 音が聞こえる。 소리가 들리다.
落し物	おとしもの	분실물, 유실물 落し物をする。 물건을 분실하다.
お年寄り	おとしより	노인, 어르신 お年寄りにあいさつする。 노인에게 인사하다.
踊り ⊜ ダンス	おどり	춤 踊りを踊る。 춤을 추다.
おば		이모, 고모, 숙모, 백모 おばに会う。 이모를 만나다.
お祭り	おまつり	축제 お祭りに行く。 축제에 가다.
お見舞い	おみまい	문병, 병문안 お見舞いに行く。 병문안을 가다.
お土産	おみやげ	선물, 기념품 お土産をあげる。 선물을 주다.
思い出	おもいで	추억 思い出を話す。 추억을 이야기하다.
おもちゃ		장난감 おもちゃを買う。 장난감을 사다.
表	おもて	겉, 표면, 바깥 封筒の表に住所を書く。 봉투 겉에 주소를 쓰다.
親指	おやゆび	엄지손가락 親指を立てる。 엄지손가락을 치켜세우다.

| お礼 | おれい | **사례, 감사의 말** |
| | | お礼を言う。 감사의 말을 하다. |

| 終わり | おわり | **끝, 마지막** |
| | | 話はこれで終わりだ。 이야기는 이것으로 끝이다. |

| 海岸 | かいがん | **해안** |
| | | 海岸を散歩する。 해안을 산책하다. |

| 会議室 | かいぎしつ | **회의실** |
| | | 会議室を予約する。 회의실을 예약하다. |

| 外国 | がいこく | **외국** |
| | | 外国へ行く。 외국에 가다. |

| 外出 | がいしゅつ | **외출** |
| | | 母が外出から戻る。 어머니가 외출에서 돌아오다. |

| 会場 | かいじょう | **회장, 모임 장소** |
| | | 会場に着く。 모임 장소에 도착하다. |

| 外食 | がいしょく | **외식** |
| | | 家族で外食をする。 가족끼리 외식을 하다. |

| 会長 | かいちょう | **회장(님)** |
| | | 会長の話を聞く。 회장님의 이야기를 듣다. |

| 外部 | がいぶ | **외부** |
| | | 外部に知らせる。 외부에 알리다. |

| 会話 | かいわ | **회화, 대화** |
| | | 英語で会話をする。 영어로 대화하다. |

| 帰り | かえり | **귀가** |
| | | 帰りが遅い。 귀가가 늦다. |

| 科学 | かがく | **과학** |
| | | 科学を勉強する。 과학을 공부하다. |

鏡	かがみ	거울
		<ruby>鏡<rt>かがみ</rt></ruby>を<ruby>見<rt>み</rt></ruby>る。 거울을 보다.

書き方	かきかた	쓰는 법
		<ruby>漢字<rt>かんじ</rt></ruby>の<ruby>書<rt>か</rt></ruby>き<ruby>方<rt>かた</rt></ruby>を<ruby>教<rt>おし</rt></ruby>える。 한자 쓰는 법을 가르치다.

飾り	かざり	장식
		<ruby>飾<rt>かざ</rt></ruby>りをつける。 장식을 달다.

火事	かじ	화재
		<ruby>火事<rt>かじ</rt></ruby>が<ruby>起<rt>お</rt></ruby>きる。 화재가 발생하다.

歌手	かしゅ	가수
		<ruby>歌手<rt>かしゅ</rt></ruby>になる。 가수가 되다.

数	かず	수, 숫자
		<ruby>数<rt>かず</rt></ruby>を<ruby>数<rt>かぞ</rt></ruby>える。 수를 세다.

ガス代	ガスだい	가스 요금, 가스비
		ガス<ruby>代<rt>だい</rt></ruby>が<ruby>高<rt>たか</rt></ruby>い。 가스비가 비싸다.

形	かたち	모양, 형태
		<ruby>星<rt>ほし</rt></ruby>の<ruby>形<rt>かたち</rt></ruby>をしている。 별 모양을 하고 있다.

課長	かちょう	과장(님)
		<ruby>課長<rt>かちょう</rt></ruby>に<ruby>相談<rt>そうだん</rt></ruby>する。 과장님에게 상담하다.

家庭	かてい	가정
		<ruby>家庭<rt>かてい</rt></ruby>を<ruby>大切<rt>たいせつ</rt></ruby>にする。 가정을 소중히 하다.

角	かど	모퉁이, 모서리
		<ruby>角<rt>かど</rt></ruby>を<ruby>曲<rt>ま</rt></ruby>がる。 모퉁이를 돌다.

家内	かない	아내
		<ruby>家内<rt>かない</rt></ruby>に<ruby>話<rt>はな</rt></ruby>す。 아내에게 이야기하다.

金持ち	かねもち	부자
		<ruby>金持<rt>かねも</rt></ruby>ちになる。 부자가 되다.

N4

彼女	かのじょ	그녀
		これは彼女の本だ。 이것은 그녀의 책이다.

壁	かべ	벽
		壁に絵をかける。 벽에 그림을 걸다.

髪	かみ	머리카락
		髪を切る。 머리카락을 자르다.

体	からだ	몸
		体が弱い。 몸이 약하다.

彼	かれ	그, 그 사람
		彼に電話する。 그에게 전화하다.

彼ら	かれら	그들
		彼らは学生だ。 그들은 학생이다.

代わり	かわり	대신, 대리
		代わりに行く。 대신해서 가다.

考え方	かんがえかた	사고방식, 생각
		考え方が変わる。 생각이 바뀌다.

看護師	かんごし	간호사
		看護師として働く。 간호사로 일하다.

気	き	생각, 마음, 기력, 기분
		気がする。 기분이 든다.

機械	きかい	기계
		機械が壊れる。 기계가 고장나다.

期間	きかん	기간
		期間を決める。 기간을 정하다.

聞き取り	ききとり	청취, 듣기
		聞き取りが難しい。 듣기가 어렵다.

帰国	きこく	귀국 明日帰国する。 내일 귀국한다.
記者	きしゃ	기자 新聞記者になる。 신문 기자가 되다.
汽車	きしゃ	기차 汽車に乗る。 기차를 타다.
技術	ぎじゅつ	기술 技術を磨く。 기술을 연마하다.
季節	きせつ	계절 季節が変わる。 계절이 바뀌다.
規則	きそく	규칙 規則を守る。 규칙을 지키다.
期待	きたい	기대 活躍を期待する。 활약을 기대하다.
帰宅 ● 帰り	きたく	귀가 仕事を終えて帰宅する。 일을 마치고 귀가하다.
喫茶店	きっさてん	찻집 喫茶店でコーヒーを飲む。 찻집에서 커피를 마시다.
絹	きぬ	비단, 실크, 견사 絹のスカーフをする。 실크 스카프를 하다.
気分	きぶん	기분, 마음, 심정, 분위기 気分がいい。 기분이 좋다.
君	きみ	자네, 너 君もいっしょに行こう。 너도 같이 가자.
気持ち	きもち	기분, 마음, 심정 気持ちを伝える。 마음을 전하다.

着物	きもの	옷, 기모노(일본 전통 의상)
		着物を着る。 기모노를 입다.
客	きゃく	손님
		家に客が来る。 집에 손님이 오다.
急行	きゅうこう	급행
		急行に乗る。 급행을 타다.
教育	きょういく	교육
		教育を受ける。 교육을 받다.
教会	きょうかい	교회
		教会に行く。 교회에 가다.
興味	きょうみ	흥미
		興味を持つ。 흥미를 가지다.
金魚	きんぎょ	금붕어
		金魚を飼う。 금붕어를 기르다.
近所	きんじょ	근처
		近所を散歩する。 근처를 산책하다.
具合	ぐあい	형편, 상황, 몸 상태
		具合が悪い。 몸 상태가 좋지 않다.
空気	くうき	공기
		空気を吸う。 공기를 들이마시다.
空港	くうこう	공항
		空港に着く。 공항에 도착하다.
草	くさ	풀
		草が青い。 풀이 푸르다.
雲	くも	구름
		空に雲が多い。 하늘에 구름이 많다.

曇り	くもり	흐림
		曇りの日が続く。 흐린 날이 계속되다.

区役所	くやくしょ	구청
		区役所に行く。 구청에 가다.

軍人	ぐんじん	군인
		軍人になる。 군인이 되다.

毛	け	털
		この犬は毛が多い。 이 개는 털이 많다.

計画	けいかく	계획
		計画を立てる。 계획을 세우다.

経験	けいけん	경험
		新しい経験をする。 새로운 경험을 하다.

経済	けいざい	경제
		経済を勉強する。 경제를 공부하다.

N4

警察	けいさつ	경찰
		警察に知らせる。 경찰에 알리다.

今朝	けさ	오늘 아침
		今朝は寒い。 오늘 아침은 춥다.

景色	けしき	경치
		景色が美しい。 경치가 아름답다.

消しゴム	けしゴム	지우개
		消しゴムで消す。 지우개로 지우다.

結婚	けっこん	결혼
		結婚を祝う。 결혼을 축하하다.

欠席	けっせき	결석
		授業に欠席する。 수업에 결석하다.

原因	げんいん	원인 <ruby>事故<rt>じこ</rt></ruby>の<ruby>原因<rt>げんいん</rt></ruby>を<ruby>調<rt>しら</rt></ruby>べる。 사고의 원인을 조사하다.
けんか		싸움 <ruby>友達<rt>ともだち</rt></ruby>とけんかする。 친구와 싸우다.
見学	けんがく	견학 <ruby>工場<rt>こうじょう</rt></ruby><ruby>見学<rt>けんがく</rt></ruby>に<ruby>行<rt>い</rt></ruby>く。 공장 견학을 가다.
玄関	げんかん	현관 <ruby>玄関<rt>げんかん</rt></ruby>を<ruby>開<rt>あ</rt></ruby>ける。 현관을 열다.
研究	けんきゅう	연구 <ruby>大学<rt>だいがく</rt></ruby>で<ruby>研究<rt>けんきゅう</rt></ruby>する。 대학에서 연구하다.
見物	けんぶつ	구경 <ruby>見物<rt>けんぶつ</rt></ruby>に<ruby>行<rt>い</rt></ruby>く。 구경하러 가다.
子犬	こいぬ	강아지 <ruby>子犬<rt>こいぬ</rt></ruby>と<ruby>遊<rt>あそ</rt></ruby>ぶ。 강아지와 놀다.
公開	こうかい	공개 <ruby>映画<rt>えいが</rt></ruby>を<ruby>公開<rt>こうかい</rt></ruby>する。 영화를 공개하다.
郊外	こうがい	교외 <ruby>郊外<rt>こうがい</rt></ruby>に<ruby>住<rt>す</rt></ruby>む。 교외에 살다.
合格	ごうかく	합격 <ruby>試験<rt>しけん</rt></ruby>に<ruby>合格<rt>ごうかく</rt></ruby>する。 시험에 합격하다.
工業	こうぎょう	공업 <ruby>工業<rt>こうぎょう</rt></ruby><ruby>大学<rt>だいがく</rt></ruby>に<ruby>入学<rt>にゅうがく</rt></ruby>する。 공업 대학에 입학하다.
高校	こうこう	고교, 고등학교 <ruby>高校<rt>こうこう</rt></ruby>に<ruby>通<rt>かよ</rt></ruby>う。 고등학교에 다니다.
高校生	こうこうせい	고교생, 고등학생 <ruby>高校生<rt>こうこうせい</rt></ruby>になる。 고등학생이 되다.

交差点	こうさてん	교차로
		こうさてん わた 交差点を渡る。 교차로를 건너다.

工事	こうじ	공사
		こうじ はじ 工事が始まる。 공사가 시작되다.

工場	こうじょう	공장
		こうじょう けんがく 工場を見学する。 공장을 견학하다.

校長	こうちょう	교장
		こうちょうせんせい 校長先生にあいさつする。 교장 선생님께 인사하다.

交通	こうつう	교통
		こうつう しんごう まも 交通信号を守る。 교통 신호를 지키다.

講堂	こうどう	강당
		せいと こうどう あつ 生徒が講堂に集まる。 학생이 강당에 모이다.

工場	こうば	공장
		まち こうば はたら 町の工場で働く。 마을 공장에서 일하다.

公務員	こうむいん	공무원
		こうむいん 公務員になる。 공무원이 되다.

氷	こおり	얼음
		こおり つめ 氷が冷たい。 얼음이 차갑다.

国際	こくさい	국제
		こくさいかいぎ しゅっせき 国際会議に出席する。 국제 회의에 출석하다.

国産 こくさんひん ➕ 国産品 국산품	こくさん	국산
		こくさん くるま か 国産の車を買う。 국산 차를 사다.

国内	こくない	국내
		こくないりょこう い 国内旅行に行く。 국내 여행을 가다.

国民	こくみん	국민
		こくみん こえ き 国民の声を聞く。 국민의 소리를 듣다.

N4

国立	こくりつ	국립 国立大学に合格する。 국립 대학에 합격하다.
心	こころ	마음 心を開く。 마음을 열다.
故障	こしょう	고장 故障を直す。 고장을 수리하다.
個人	こじん	개인 個人の情報を守る。 개인 정보를 지키다.
ご存じ	ごぞんじ	알고 계심 ご存じですか。 알고 계십니까?
答え	こたえ	답, 대답, 해답 答えを見つける。 답을 찾아내다.
ごちそう		맛있는 음식, 호화로운 요리, 대접 ごちそうを食べる。 맛있는 음식을 먹다.
事	こと	일, 것 これは大変な事だ。 이것은 큰일이다.
言葉	ことば	말, 언어, 단어 言葉の意味を調べる。 단어의 뜻을 조사하다.
小鳥	ことり	작은 새 小鳥が飛ぶ。 작은 새가 날다.
子猫	こねこ	새끼 고양이 子猫を育てる。 새끼 고양이를 기르다.
この間 ◐先日	このあいだ	요전, 얼마 전, 지난번 この間、友人に会った。 얼마 전에 친구를 만났다.
このごろ		요즈음, 최근, 요새 このごろ忙しい。 요즘 바쁘다.

98

木の葉 🔵 きのは	このは	나뭇잎 木の葉が落ちる。 나뭇잎이 떨어지다.
この辺	このへん	이 근처, 이 근방, 이쯤, 이 정도 この辺で終わります。 이쯤에서 마치겠습니다.
ごみ		쓰레기 ごみを出す。 쓰레기를 배출하다.
米	こめ	쌀 米を作る。 쌀을 재배하다.
今回	こんかい	이번 今回のテストは難しかった。 이번 시험은 어려웠다.
今度	こんど	이번, 다음번 今度は成功する。 이번에는 성공하겠다.
今夜	こんや	오늘 밤 今夜は眠れない。 오늘 밤은 잠이 오지 않는다.
最近	さいきん	최근, 요즘 最近忙しい。 요즘 바쁘다.
最後	さいご	최후, 마지막, 끝 本を最後まで読む。 책을 끝까지 읽다.
坂	さか	언덕 坂の上まで歩く。 언덕 위까지 걷다.
魚屋	さかなや	생선 가게 魚屋で魚を買う。 생선 가게에서 생선을 사다.
作品	さくひん	작품 作品を作る。 작품을 만들다.
桜	さくら	벚꽃, 벚나무 桜が咲く。 벚꽃이 피다.

N4

99

雑誌	ざっし	잡지
		雑誌を読む。 잡지를 읽다.

砂糖	さとう	설탕
		砂糖を入れる。 설탕을 넣다.

再来月	さらいげつ	다다음 달
		再来月に旅行に行く。 다다음 달에 여행을 간다.

再来週	さらいしゅう	다다음 주
		再来週に会う。 다다음 주에 만난다.

再来年	さらいねん	다다음 해, 후년, 내후년
		再来年に結婚する。 내후년에 결혼하다.

三角	さんかく	삼각
		三角の形を作る。 삼각형 모양을 만들다.

産業	さんぎょう	산업
		産業が発展する。 산업이 발전하다.

算数	さんすう	산수
		算数を教える。 산수를 가르치다.

賛成	さんせい	찬성
		意見に賛成する。 의견에 찬성하다.

市	し	시(행정구역)
		大阪市に住んでいる。 오사카 시에 살고 있다.

字	じ	글자, 문자, 글씨
		字を書く。 글자를 쓰다.

試合	しあい	시합
		試合に出る。 시합에 나가다.

仕方	しかた	하는 방법, 수단
		仕方がない。 방법이 없다.

試験	しけん	시험
		試験に合格する。 시험에 합격하다.
事故	じこ	사고
		事故が起きる。 사고가 일어나다.
地震	じしん	지진
		地震で家がこわれる。 지진으로 집이 부서지다.
舌	した	혀
		舌を出す。 혀를 내밀다.
時代	じだい	시대
		時代が変わる。 시대가 변하다.
下着	したぎ	속옷
		下着を買う。 속옷을 사다.
支度	したく	준비, 채비
		出かける支度をする。 외출할 준비를 하다.
室内	しつない	실내
		室内で過ごす。 실내에서 지내다.
失敗	しっぱい	실패
		失敗から学ぶ。 실패로부터 배우다.
質問	しつもん	질문
		質問に答える。 질문에 답하다.
失礼	しつれい	실례
		どうも失礼しました。 몹시 실례했습니다.
辞典 ⊜辞書, 字引	じてん	사전
		辞典で調べる。 사전을 찾다.
自転車	じてんしゃ	자전거
		自転車に乗る。 자전거를 타다.

N4

自動	じどう	자동 ドアが自動で開く。 문이 자동으로 열리다.
自動車	じどうしゃ	자동차 自動車を運転する。 자동차를 운전하다.
市内	しない	시내 市内を散策する。 시내를 산책하다.
品物	しなもの	물건, 상품, 물품 品物を選ぶ。 물건을 고르다.
支払い	しはらい	지불, 값을 치름 支払いを済ませる。 지불을 끝내다.
字引 ● 辞書, 辞典	じびき	사전 字引を引く。 사전을 찾다.
自分	じぶん	자기 자신, 나 自分を信じる。 자신을 믿다.
姉妹	しまい	자매 姉妹がけんかする。 자매가 싸우다.
市民	しみん	시민 市民の声を聞く。 시민의 소리를 듣다.
事務所	じむしょ	사무소, 사무실 事務所に行く。 사무실에 가다.
社会	しゃかい	사회 社会に出る。 사회에 나가다.
市役所	しやくしょ	시청 市役所に行く。 시청에 가다.
社長	しゃちょう	사장(님) 社長にあいさつする。 사장님에게 인사하다.

車道	しゃどう	차도
		車が車道を走る。 자동차가 차도를 달리다.
自由	じゆう	자유
		表現の自由を守る。 표현의 자유를 지키다.
習慣	しゅうかん	습관
		悪い習慣を直す。 나쁜 습관을 고치다.
住所	じゅうしょ	주소
		住所を書く。 주소를 쓰다.
柔道	じゅうどう	유도
		柔道を習う。 유도를 배우다.
授業	じゅぎょう	수업
		授業に出る。 수업에 출석하다.
主人	しゅじん	주인, 남편
		主人と相談します。 남편과 상의하겠습니다.
出席	しゅっせき	출석
		会議に出席する。 회의에 출석하다.
出発	しゅっぱつ	출발
		朝早く出発する。 아침 일찍 출발하다.
趣味	しゅみ	취미
		趣味を楽しむ。 취미를 즐기다.
準備	じゅんび	준비
		会議の準備をする。 회의 준비를 하다.
紹介	しょうかい	소개
		友だちを紹介する。 친구를 소개하다.
小学生	しょうがくせい	초등학생
		小学生が運動場で遊ぶ。 초등학생이 운동장에서 놀다.

N4

正月	しょうがつ	정월, 설, 설날
		お正月が来る。 설날이 다가오다.

小学校	しょうがっこう	초등학교
		小学校に入学する。 초등학교에 입학하다.

小説	しょうせつ	소설
		小説を読む。 소설을 읽다.

しょうゆ		간장
		しょうゆを入れる。 간장을 넣다.

将来	しょうらい	장래
		将来の夢を聞く。 장래의 꿈을 묻다.

食事	しょくじ	식사
		食事をする。 식사를 하다.

食料品	しょくりょうひん	식료품
		食料品を買う。 식료품을 사다.

女性	じょせい	여성
		この会社は女性が多い。 이 회사는 여성이 많다.

人口	じんこう	인구
		人口が増える。 인구가 늘다.

神社	じんじゃ	신사
		神社に行く。 신사에 가다.

新年	しんねん	신년, 새해
		新年になる。 새해가 되다.

心配	しんぱい	걱정
		試験が心配だ。 시험이 걱정이다.

新聞社	しんぶんしゃ	신문사
		新聞社で働く。 신문사에서 일하다.

水泳	すいえい	수영
		<ruby>水泳<rt>すいえい</rt></ruby>を<ruby>習<rt>なら</rt></ruby>う。 수영을 배우다.

水道	すいどう	수도
		<ruby>水道<rt>すいどう</rt></ruby>から<ruby>水<rt>みず</rt></ruby>が<ruby>出<rt>で</rt></ruby>る。 수도에서 물이 나오다.

数学	すうがく	수학
		<ruby>数学<rt>すうがく</rt></ruby>がおもしろい。 수학이 재미있다.

砂	すな	모래
		<ruby>砂<rt>すな</rt></ruby>の<ruby>上<rt>うえ</rt></ruby>を<ruby>歩<rt>ある</rt></ruby>く。 모래 위를 걷다.

すり		소매치기
		すりにやられる。 소매치기를 당하다.

生活	せいかつ	생활
		<ruby>生活<rt>せいかつ</rt></ruby>が<ruby>大変<rt>たいへん</rt></ruby>だ。 생활이 힘들다.

生産	せいさん	생산
		<ruby>米<rt>こめ</rt></ruby>を<ruby>生産<rt>せいさん</rt></ruby>する。 쌀을 생산하다.

政治	せいじ	정치
		<ruby>政治<rt>せいじ</rt></ruby>の<ruby>話<rt>はなし</rt></ruby>をする。 정치 이야기를 하다.

西洋	せいよう	서양
		<ruby>西洋料理<rt>せいようりょうり</rt></ruby>を<ruby>食<rt>た</rt></ruby>べる。 서양 요리를 먹다.

世界	せかい	세계
		<ruby>世界平和<rt>せかいへいわ</rt></ruby>を<ruby>願<rt>ねが</rt></ruby>う。 세계 평화를 바라다.

世界中	せかいじゅう	세계, 전 세계
		<ruby>世界中<rt>せかいじゅう</rt></ruby>を<ruby>旅行<rt>りょこう</rt></ruby>する。 전 세계를 여행하다.

説明	せつめい	설명
		<ruby>詳<rt>くわ</rt></ruby>しく<ruby>説明<rt>せつめい</rt></ruby>する。 자세히 설명하다.

背中	せなか	등, 뒤쪽
		<ruby>背中<rt>せなか</rt></ruby>が<ruby>痛<rt>いた</rt></ruby>い。 등이 아프다.

N4

背広	せびろ	**신사복, 양복** 背広を着る。 신사복을 입다.
世話	せわ	**돌봄, 보살핌, 신세, 폐** 世話になる。 신세를 지다.
全国	ぜんこく	**전국** 全国大会に出場する。 전국 대회에 출전하다.
選手	せんしゅ	**선수** 代表選手として活躍する。 대표 선수로 활약하다.
先々月	せんせんげつ	**지지난달** 先々月に旅行に行った。 지지난달에 여행을 갔다.
先々週	せんせんしゅう	**지지난 주** 先々週山田さんに会った。 지지난 주에 야마다 씨를 만났다.
戦争	せんそう	**전쟁** 戦争が始まる。 전쟁이 시작되다.
全体	ぜんたい	**전체** 全体を見る。 전체를 보다.
洗濯	せんたく	**세탁** 洗濯をする。 세탁을 하다.
先輩	せんぱい	**선배(님)** 先輩に会う。 선배를 만나다.
専門	せんもん	**전문** 英語を専門にする。 영어를 전문으로 하다.
掃除	そうじ	**청소** 部屋を掃除する。 방을 청소하다.
早退	そうたい	**조퇴** 具合が悪くて早退する。 몸 상태가 안 좋아서 조퇴하다.

相談	そうだん	상담, 의논
		友だちに相談する。 친구와 의논하다.

卒業	そつぎょう	졸업
		大学を卒業する。 대학을 졸업하다.

外側	そとがわ	바깥쪽
		道路の外側を歩く。 도로의 바깥쪽을 걷다.

祖父	そふ	할아버지
⊜ おじいさん		祖父が亡くなる。 할아버지가 돌아가시다.

祖母	そぼ	할머니
⊜ おばあさん		祖母に会う。 할머니를 만나다.

退院	たいいん	퇴원
		病院から退院する。 병원에서 퇴원하다.

大学生	だいがくせい	대학생
		大学生になる。 대학생이 되다.

大使館	たいしかん	대사관
		大使館に行く。 대사관에 가다.

台風	たいふう	태풍
		台風が来る。 태풍이 오다.

竹	たけ	대나무
		竹を切る。 대나무를 자르다.

多数	たすう	다수
		多数が賛成する。 다수가 찬성하다.

畳	たたみ	다다미(방에 까는 바닥재)
		畳の上に座る。 다다미 위에 앉다.

縦	たて	세로
		縦に線を引く。 세로로 선을 긋다.

棚	たな	선반
		<ruby>棚<rt>たな</rt></ruby>に<ruby>本<rt>ほん</rt></ruby>を<ruby>並<rt>なら</rt></ruby>べる。 선반에 책을 늘어놓다.

楽しみ	たのしみ	즐거움, 기대
		<ruby>旅行<rt>りょこう</rt></ruby>を<ruby>楽<rt>たの</rt></ruby>しみにする。 여행을 기대하다.

食べすぎ	たべすぎ	과식
		<ruby>食<rt>た</rt></ruby>べ<ruby>過<rt>す</rt></ruby>ぎに<ruby>注意<rt>ちゅうい</rt></ruby>する。 과식에 주의하다.

ため		이익이나 도움이 되는 일, 목적
		<ruby>自分<rt>じぶん</rt></ruby>のためになる。 자신에게 도움이 되다.

男性	だんせい	남성
		<ruby>男性<rt>だんせい</rt></ruby>が<ruby>多<rt>おお</rt></ruby>い。 남성이 많다.

暖房	だんぼう	난방
		<ruby>暖房<rt>だんぼう</rt></ruby>をつける。 난방을 켜다.

血	ち	피
		<ruby>血<rt>ち</rt></ruby>が<ruby>出<rt>で</rt></ruby>る。 피가 나다.

力	ちから	힘
		<ruby>力<rt>ちから</rt></ruby>が<ruby>強<rt>つよ</rt></ruby>い。 힘이 세다.

遅刻	ちこく	지각
		<ruby>学校<rt>がっこう</rt></ruby>に<ruby>遅刻<rt>ちこく</rt></ruby>する。 학교에 지각하다.

地図	ちず	지도
		<ruby>地図<rt>ちず</rt></ruby>を<ruby>見<rt>み</rt></ruby>る。 지도를 보다.

父親	ちちおや	아버지, 부친
		<ruby>父親<rt>ちちおや</rt></ruby>と<ruby>出<rt>で</rt></ruby>かける。 아버지와 외출하다.

茶色	ちゃいろ	갈색
		<ruby>茶色<rt>ちゃいろ</rt></ruby>の<ruby>服<rt>ふく</rt></ruby>を<ruby>着<rt>き</rt></ruby>る。 갈색 옷을 입다.

茶碗	ちゃわん	밥공기, 밥그릇
		<ruby>茶碗<rt>ちゃわん</rt></ruby>でご<ruby>飯<rt>はん</rt></ruby>を<ruby>食<rt>た</rt></ruby>べる。 밥공기에 밥을 먹다.

注意	ちゅうい	주의 くるま ちゅう い 車に注意する。 자동차를 조심하다.
中学生	ちゅうがくせい	중학생 ちゅうがく せい 中学生になる。 중학생이 되다.
中学校	ちゅうがっこう	중학교 ちゅうがっこう かよ 中学校に通う。 중학교에 다니다.
中国 ちゅうごく ご ➕ 中国語 중국어	ちゅうごく	중국 ちゅうごく しゅっちょう 中国に出張する。 중국으로 출장을 가다.
中止	ちゅうし	중지 ちゅう し イベントが中止になる。 이벤트가 중지되다.
駐車	ちゅうしゃ	주차 くるま ちゅうしゃ 車を駐車する。 자동차를 주차하다.
駐車場	ちゅうしゃじょう	주차장 ちゅうしゃじょう と 駐車場に止める。 주차장에 세우다.
貯金	ちょきん	저금 ちょ きん 貯金をする。 저금을 하다.
地理	ちり	지리 ち り わ 地理が分からない。 지리를 모른다.
月	つき	달 つき で 月が出る。 달이 뜨다.
都合	つごう	사정, 형편 つ ごう わる 都合が悪い。 형편이 나쁘다.
妻	つま	처, 아내 つま か もの い 妻と買い物に行く。 아내와 쇼핑하러 가다.
爪	つめ	손톱 つめ き 爪を切る。 손톱을 깎다.

つもり		작정, 생각 明日行くつもりだ。 내일 갈 생각이다.
梅雨 ● ばいう	つゆ	장마, 장마철 梅雨に入る。 장마철에 접어들다.
出入口	でいりぐち	출입구 出入口が分からない。 출입구를 모르겠다.
手袋	てぶくろ	장갑 手袋をする。 장갑을 끼다.
手前	てまえ	바로 자기 앞 手前のテーブルに置く。 앞에 있는 테이블에 놓다.
寺	てら	절 寺に行く。 절에 가다.
点	てん	점, 점수 テストの点が上がる。 시험 점수가 오르다.
店員	てんいん	점원 店員に聞く。 점원에게 묻다.
電気代	でんきだい	전기 요금 電気代が上がる。 전기 요금이 오르다.
天気予報	てんきよほう	일기 예보 天気予報を見る。 일기 예보를 보다.
電灯	でんとう	전등 電灯をつける。 전등을 켜다.
天ぷら	てんぷら	튀김 天ぷらを食べる。 튀김을 먹다.
電報	でんぽう	전보 電報がとどく。 전보가 도착하다.

展覧会	てんらんかい	전람회 展覧会を見に行く。 전람회를 보러 가다.
都 ➕東京都 도쿄 도	と	도(행정구역) 東京都は広い。 도쿄 도는 넓다.
道具	どうぐ	도구 道具を使う。 도구를 사용하다.
動物園	どうぶつえん	동물원 動物園に行く。 동물원에 가다.
遠く	とおく	먼 곳, 멀리 遠くから見える。 멀리서 보인다.
通り	とおり	도로, 거리, 왕래 通りを歩く。 거리를 걷다.
都会	とかい	도회, 도시 都会は夜も明るい。 도시는 밤에도 밝다.
時	とき	때, 시간 時が流れる。 시간이 흐르다.
床屋	とこや	이발소 床屋で髪を切る。 이발소에서 머리를 자르다.
途中	とちゅう	도중 途中で降りる。 도중에 내리다.
特急	とっきゅう	특급 特急に乗る。 특급을 타다.
隣	となり	곁, 옆 彼女の隣に座る。 그녀의 옆에 앉다.
泥棒	どろぼう	도둑 泥棒に入られる。 도둑이 들다.

N4

111

内部	ないぶ	내부
		建物の内部に入る。 건물 내부로 들어가다.

生ビール	なまビール	생맥주
		生ビールを飲む。 생맥주를 마시다.

何度	なんど	몇 번, 여러 번
		何度も練習する。 몇 번이고 연습하다.

におい		냄새
		いいにおいがする。 좋은 냄새가 나다.

肉屋	にくや	정육점
		肉屋で肉を買う。 정육점에서 고기를 사다.

日記	にっき	일기
		日記をつける。 일기를 쓰다.

荷物	にもつ	짐
		荷物を運ぶ。 짐을 나르다.

入院	にゅういん	입원
		病気で入院する。 병으로 입원하다.

入学	にゅうがく	입학
		学校に入学する。 학교에 입학하다.

入社	にゅうしゃ	입사
		会社に入社する。 회사에 입사하다.

人形	にんぎょう	인형
		人形で遊ぶ。 인형을 가지고 놀다.

にんじん		당근
		にんじんを切る。 당근을 썰다.

値段	ねだん	가격
		値段を比べる。 가격을 비교하다.

熱	ねつ	열 熱が出る。 열이 나다.
寝坊	ねぼう	늦잠 寝坊して学校に遅れる。 늦잠을 자서 학교에 늦다.
のど		목 のどが痛い。 목이 아프다.
飲みすぎ	のみすぎ	과음 飲みすぎに注意する。 과음에 주의하다.
乗り換え	のりかえ	환승, 갈아타기 乗り換えの駅で電車を待つ。 환승역에서 전철을 기다리다.
乗り物	のりもの	탈 것, 교통수단 車は便利な乗り物だ。 자동차는 편리한 교통수단이다.
歯	は	이, 치아 歯を磨く。 이를 닦다.
葉	は	잎 葉が落ちる。 잎이 떨어지다.
場合	ばあい	경우 雨の場合は中止になる。 비가 오는 경우에는 중지된다.
歯医者	はいしゃ	치과의사, 치과 歯医者に行く。 치과에 가다.
売店	ばいてん	매점 売店で買い物をする。 매점에서 장을 보다.
白菜	はくさい	배추 白菜の料理を作る。 배추 요리를 만들다.
箱	はこ	상자 箱を開ける。 상자를 열다.

橋	はし	다리, 교각 はし わた 橋を渡る。 다리를 건너다.
始まり	はじまり	시작 あさ いちにち はじ 朝は一日の始まりだ。 아침은 하루의 시작이다.
場所	ばしょ	장소 き ば しょ あつ 決まった場所に集まる。 정해진 장소에 모이다.
はず		~할 것, ~할 예정, ~할 터, ~할 리 ひ こう き く じ つ 飛行機は9時に着くはずだ。 비행기는 9시에 도착할 것이다.
発音	はつおん	발음 ただ はつおん はな 正しい発音で話す。 똑바른 발음으로 말하다.
花見	はなみ	꽃놀이, 꽃구경 はな み 花見をする。 꽃놀이를 하다.
羽	はね	날개 とり はね うつく 鳥の羽は美しい。 새의 날개는 아름답다.
林	はやし	숲 はやし なか ある 林の中を歩く。 숲속을 걷다.
晴れ	はれ	맑음 きょう は 今日は晴れだ。 오늘은 맑다.
半 ➕3時半 3시 반	はん	반, 절반 きょう ご じ はん お 今日は5時半に起きた。 오늘은 5시 반에 일어났다.
番組	ばんぐみ	프로그램, 방송 편성표 ばんぐみ み テレビ番組を見る。 텔레비전 프로그램을 보다.
反対	はんたい	반대 はんたい い けん い 反対意見を言う。 반대 의견을 말하다.
パン屋	パンや	빵 가게, 빵집 や か パン屋でパンを買う。 빵집에서 빵을 사다.

日	ひ	해, 날, 낮
		日が暮れる。 날이 저물다.

光	ひかり	빛
		部屋に光が入る。 방에 빛이 들어오다.

引き出し	ひきだし	서랍, (현금) 인출
		引き出しを開ける。 서랍을 열다.

ひげ		수염
		ひげが長い。 수염이 길다.

飛行場	ひこうじょう	비행장
		飛行場に着く。 비행장에 도착하다.

久しぶり	ひさしぶり	오래간만, 오랜만
		久しぶりに会う。 오랜만에 만나다.

美術館	びじゅつかん	미술관
		美術館で絵を見る。 미술관에서 그림을 보다.

左	ひだり	왼쪽
ひだりがわ		
➡ 左側		左に曲がる。 왼쪽으로 돌다.

必要	ひつよう	필요
		急ぐ必要がある。 서두를 필요가 있다.

百貨店	ひゃっかてん	백화점
		百貨店でネクタイを買う。 백화점에서 넥타이를 사다.

秒	びょう	초(시간)
		試合が終わるまであと30秒だ。
		경기가 끝나기까지 앞으로 30초다.

昼間	ひるま	낮, 대낮
		昼間に出かける。 낮에 외출하다.

昼休み	ひるやすみ	점심시간
		昼休みに食事をする。 점심시간에 식사를 하다.

広さ	ひろさ	넓이 家の広さを決める。 집의 넓이를 정하다.
封筒	ふうとう	봉투 封筒に切手をはる。 봉투에 우표를 붙이다.
復習	ふくしゅう	복습 復習をする。 복습을 하다.
豚肉	ぶたにく	돼지고기 豚肉を焼く。 돼지고기를 굽다.
部長	ぶちょう	부장(님) 部長に知らせる。 부장님에게 알리다.
普通	ふつう	보통, 평범함 普通の生活を送る。 보통의 생활을 하다.
ぶどう		포도 ぶどうを食べる。 포도를 먹다.
布団	ふとん	이불 布団で寝る。 이불에서 자다.
船	ふね	배 船に乗る。 배를 타다.
文化	ぶんか	문화 自分の文化を大切にする。 자신의 문화를 소중히 하다.
文学	ぶんがく	문학 文学作品を読む。 문학 작품을 읽다.
文書	ぶんしょ	문서 文書を作成する。 문서를 작성하다.
文章	ぶんしょう	문장, 글 文章を書く。 문장을 쓰다.

文法	ぶんぽう	문법 文法を学ぶ。 문법을 배우다.
返事	へんじ	대답, 답장 返事をする。 답장을 하다.
放送	ほうそう	방송 ラジオ放送を聞く。 라디오 방송을 듣다.
法律	ほうりつ	법률 法律を守る。 법률을 지키다.
僕	ぼく	나(남자) 僕も行くよ。 나도 갈게.
星	ほし	별 星が光る。 별이 빛나다.
骨	ほね	뼈 この魚は骨が多い。 이 생선은 뼈가 많다.
本気	ほんき	본심, 진심, 진지함 本気でやる。 진지하게 임하다.
本棚	ほんだな	책장 本棚を作る。 책장을 만들다.
本当	ほんとう	사실, 진실, 정말, 진짜 本当のことを言う。 진실을 말하다.
本屋	ほんや	책방, 서점 本屋で本を買う。 서점에서 책을 사다.
孫	まご	손주 孫と出かける。 손주와 외출하다.
窓ガラス	まどガラス	창유리 窓ガラスが割れる。 창유리가 깨지다.

N4

窓口	まどぐち	창구
		駅の窓口で切符を買う。 역 창구에서 표를 사다.

万	まん	만, 10,000
		5万人が集まる。 5만 명이 모이다.

まんが		만화, 만화책
		まんがを読む。 만화책을 읽다.

真ん中	まんなか	한가운데, 정중앙, 한복판
		市内の真ん中に公園がある。 시내 한복판에 공원이 있다.

万年筆	まんねんひつ	만년필
		万年筆で字を書く。 만년필로 글씨를 쓰다.

緑	みどり	초록, 초목
		雨で緑がきれいになる。 비가 내려 초목이 아름다워지다.

みな ⊜みんな		모두
		みなが反対する。 모두가 반대하다.

港	みなと	항구
		船が港に入る。 배가 항구에 들어오다.

昔	むかし	옛날
		昔は映画館へよく行った。 옛날에는 영화관에 자주 갔다.

向こう	むこう	맞은편, 건너편
		ビルの向こうに駅がある。 빌딩 건너편에 역이 있다.

虫	むし	벌레
		虫が飛ぶ。 벌레가 날다.

息子	むすこ	아들
		息子が生まれる。 아들이 태어나다.

息子さん	むすこさん	아드님
		息子さんは高校生ですか。 아드님은 고등학생인가요?

娘	むすめ	**딸** 娘が結婚する。 딸이 결혼하다.
娘さん	むすめさん	**따님** 娘さんは何歳ですか。 따님은 몇 살입니까?
村	むら	**마을** 小さな村で生活する。 작은 마을에서 생활하다.
持ち帰り ⊖ テークアウト	もちかえり	**가져감, 포장 판매** 持ち帰りの弁当を買う。 포장 판매하는 도시락을 사다.
木綿	もめん	**면, 무명** 木綿のシャツを着る。 면 셔츠를 입다.
森	もり	**숲** 森には木がたくさんある。 숲에는 나무가 많이 있다.
夜間	やかん	**야간** 夜間に営業する。 야간에 영업하다.
約束	やくそく	**약속** 約束を守る。 약속을 지키다.
野菜	やさい	**야채, 채소** 野菜を食べる。 야채를 먹다.
山道	やまみち	**산길** 山道を歩く。 산길을 걷다.
湯	ゆ	**뜨거운 물** お湯を沸かす。 물을 끓이다.
夕食	ゆうしょく	**저녁 식사, 저녁** 家族で夕食を食べる。 가족끼리 저녁을 먹다.
郵便局	ゆうびんきょく	**우체국** 郵便局に行く。 우체국에 가다.

N4

夕べ	ゆうべ	① 어젯밤
		夕べは寒かった。 어젯밤은 추웠다.
		② 저녁
		夕べは涼しい風が吹く。 저녁에는 서늘한 바람이 분다.

行き方 ⊖いきかた	ゆきかた	가는 방법
		行き方を教える。 가는 방법을 가르쳐주다.

行き先 ⊖いきさき	ゆきさき	행선지, 목적지
		行き先を決める。 행선지를 정하다.

輸出	ゆしゅつ	수출
		輸出が増える。 수출이 늘다.

輸入	ゆにゅう	수입
		外国から輸入する。 외국에서 수입하다.

指	ゆび	손가락
		指をけがする。 손가락을 다치다.

指輪	ゆびわ	반지
		指輪をする。 반지를 끼다.

夢	ゆめ	꿈
		夢を見る。 꿈을 꾸다.

用意	ようい	준비
		出発の用意をする。 출발 준비를 하다.

用事	ようじ	용무, 용건
		大切な用事がある。 중요한 용무가 있다.

翌年 ⊖よくねん	よくとし	이듬해, 다음 해
		翌年に卒業する。 이듬해에 졸업하다.

予習	よしゅう	예습
		予習をする。 예습을 하다.

予定	よてい	예정
		予定が変わる。 예정이 바뀌다.
読み方	よみかた	읽는 법
		漢字の読み方を聞く。 한자의 읽는 법을 묻다.
読み物	よみもの	읽을거리, 책
		子供の読み物を買う。 아이의 읽을거리를 사다.
予約	よやく	예약
		ホテルを予約する。 호텔을 예약하다.
理由	りゆう	이유
		理由を説明する。 이유를 설명하다.
利用	りよう	이용
		図書館を利用する。 도서관을 이용하다.
両親	りょうしん	부모(님), 양친
		両親に電話する。 부모님께 전화하다.
両方	りょうほう	양쪽
		両方の話を聞く。 양쪽의 이야기를 듣다.
旅館	りょかん	여관
		温泉には旅館が多い。 온천에는 여관이 많다.
旅行	りょこう	여행
		家族旅行に出かける。 가족 여행을 떠나다.
りんご		사과
		りんごを食べる。 사과를 먹다.
留守	るす	부재, (자리를) 비움
		家を留守にする。 집을 비우다.
零	れい	영, 0(숫자)
		テストで零点をとる。 시험에서 영점을 받다.

冷蔵庫	れいぞうこ	**냉장고** 冷蔵庫に入れる。 냉장고에 넣다.
冷房	れいぼう	**냉방** 部屋に冷房を入れる。 방에 냉방을 켜다.
歴史	れきし	**역사** 歴史を学ぶ。 역사를 배우다.
列車	れっしゃ	**열차** 列車に乗る。 열차를 타다.
練習	れんしゅう	**연습** ピアノの練習をする。 피아노 연습을 하다.
連絡	れんらく	**연락** 友だちに連絡する。 친구에게 연락하다.
廊下	ろうか	**복도** 廊下を歩く。 복도를 걷다.
老人 ➕ 老人ホーム 양로원	ろうじん	**노인** 老人が公園を散歩する。 노인이 공원을 산책하다.
訳	わけ	**이유, 이치, 까닭** 泣いている訳を聞く。 우는 이유를 묻다.
忘れ物	わすれもの	**분실물, 물건을 잃어버림** 忘れ物をする。 물건을 잃어버리다.
私	わたくし	**제(わたし의 겸손)** それは私がいたします。 그것은 제가 하겠습니다.

접두어

お/ご~	공손의 의미를 나타내는 말 ▶ お名前 이름　ご案内 안내

접미어

~員	~いん	~원(어떤 일을 하는 사람) ▶ 会員 회원　社員 사원
~会	~かい	~회, 모임 ▶ 運動会 운동회　飲み会 회식
~か月	~かげつ	~개월 ▶ 一か月 1개월　何か月 몇 개월
~君	~くん	~군(호칭) ▶ さとる君 사토루 군　山田君 야마다 군
~軒	~けん	~채(집을 세는 단위) ▶ 一軒 한 채　二軒 두 채
~語	~ご	~어, ~말 ▶ 日本語 일본어　フランス語 프랑스어
~頃	~ごろ	~경, ~무렵 ▶ 2時頃 2시경　何時頃 몇 시경
~歳	~さい	~세, ~살 ▶ 何歳 몇 살　二歳 두 살
~冊	~さつ	~권 ▶ 何冊 몇 권　四冊 네 권
~様	~さま	~님(존경을 나타내는 호칭) ▶ 田中様 다나카 님　中村様 나카무라 님
~中	~じゅう	온~, 전부~ ▶ 一日中 하루 종일　世界中 전 세계, 온 세상
~製	~せい	~제 ▶ アメリカ製 미국제　日本製 일본제
~達	~たち	~들(여럿임) ▶ あなた達 당신들, 여러분들　私達 우리
~ちゃん		~야(친밀감을 나타내는 호칭) ▶ なおこちゃん 나오코야!　みきちゃん 미키야!
~中	~ちゅう	~중 ▶ 会議中 회의 중　午前中 오전 중
~度	~ど	~번(횟수) ▶ 何度 몇 번, 여러 번　二度 두 번
~番線	~ばんせん	~번선(승강장 번호) ▶ 1番線 1번선　5番線 5번선
~目	~め	~째(순서) ▶ 3番目 세 번째　二つ目 두 개째
~屋	~や	~가게, ~장수 ▶ 魚屋 생선 가게, 생선 장수　花屋 꽃집, 꽃 가게

| 合う | あう | 맞다, 일치하다 |

答えが合わない。 답이 맞지 않는다.

| 空く | あく | 비다 |

空いた席に座る。 빈 자리에 앉다.

| 遊ぶ | あそぶ | 놀다 |

友だちの家に遊びに行く。 친구 집에 놀러 가다.

| 集まる | あつまる | 모이다 |

みんな集まってください。 모두 모여 주세요.

| 集める | あつめる | 모으다 |

切手を集める。 우표를 모으다.

| 謝る | あやまる | 사과하다 |

待たせたことを謝る。 기다리게 한 것을 사과하다.

| 生きる | いきる | 살다 |

● 死ぬ 죽다

100歳まで生きる。 100세까지 살다.

| いじめる | | 괴롭히다 |

動物をいじめてはいけない。
동물을 괴롭혀서는 안 된다.

| 急ぐ | いそぐ | 서두르다 |

急いで家に帰る。 서둘러 집으로 돌아가다.

| 致す | いたす | 하다(する의 겸손) |

これで失礼致します。 이것으로 실례하겠습니다.

| いただく | | ① 받다(もらう의 겸손) |

プレゼントをいただく。 선물을 받다.

② 먹다, 마시다(食べる, 飲む의 겸손)

紅茶をいただく。 홍차를 마시다.

祈る	いのる	빌다, 기원하다

合格を祈る。 합격을 기원하다.

いらっしゃる		① 가시다(行く의 존경)

音楽会にいっしょにいらっしゃいますか。
음악회에 함께 가시겠습니까?

② 오시다(来る의 존경)

先生は5時にいらっしゃいます。
선생님은 5시에 오십니다.

③ 계시다(いる의 존경)

明日はお宅にいらっしゃいますか。
내일은 댁에 계십니까?

植える	うえる	심다

木を植える。 나무를 심다.

うかがう		① 듣다(聞く의 겸손)

話をうかがう。 이야기를 듣다.

② 여쭙다(問う의 겸손)

ちょっとうかがいたいことがありますが。
잠시 묻고 싶은 것이 있습니다만.

③ 찾아뵙다(訪れる의 겸손)

明日またうかがいます。 내일 또 찾아뵙겠습니다.

受ける	うける	받다

注文を受ける。 주문을 받다.

動く	うごく	움직이다

車が動く。 차가 움직이다.

打つ	うつ	치다, 때리다

キーボードを打つ。 키보드를 치다.

N4

写す	うつす	**① 옮겨적다** ノートに写す。 노트에 옮겨적다. **② 사진 찍다** 花の写真を写す。 꽃 사진을 찍다.
選ぶ	えらぶ	**고르다, 선택하다** プレゼントを選ぶ。 선물을 고르다.
おいでになる		**① 가시다(行く의 존경)** どちらへおいでになりますか。 어디 가십니까? **② 오시다(来る의 존경)** 先生はまもなくこちらへおいでになります。 선생님은 곧 이쪽으로 오실 겁니다. **③ 계시다(いる의 존경)** 明日はお宅においでになりますか。 내일은 댁에 계십니까?
送る	おくる	**보내다** メールを送る。 메일을 보내다.
遅れる	おくれる	**늦다, 늦어지다** 電車が遅れる。 전철이 늦어지다.
起こす	おこす	**일으키다, 발생시키다** 事故を起こす。 사고를 일으키다.
怒る	おこる	**화를 내다** 彼は小さいことでよく怒る。 그는 사소한 일로 자주 화를 낸다.
落ちる	おちる	**떨어지다** 財布が落ちている。 지갑이 떨어져 있다.
おっしゃる		**말씀하시다(言う의 존경)** 先生がおっしゃる。 선생님이 말씀하시다.

落とす	おとす	① 떨어뜨리다 本を床に落とす。 책을 마루에 떨어뜨리다. ② 잃어버리다, 분실하다 財布を落とす。 지갑을 잃어버리다.
驚く	おどろく	놀라다 大きな音に驚く。 큰 소리에 놀라다.
踊る	おどる	춤추다 子供たちが踊っている。 아이들이 춤추고 있다.
覚える	おぼえる	기억하다, 외우다 名前を覚える。 이름을 외우다.
思い出す	おもいだす	떠올리다, 생각해내다 昔のことを思い出す。 옛 일을 떠올리다.
思う	おもう	생각하다 親を大切に思う。 부모를 소중히 생각하다.
お休みになる	おやすみになる	주무시다(寝る, 眠る의 존경) よくお休みになれましたか。 푹 주무셨습니까?
降りる	おりる	내리다, 내려가다 階段を降りる。 계단을 내려가다.
おる		있다(いる의 겸손) 6時までは会社におります。 6시까지는 회사에 있습니다.
飼う	かう	기르다, 사육하다 犬を飼う。 개를 기르다.
返す	かえす	돌려주다, 반납하다 図書館に本を返す。 도서관에 책을 반납하다.
変える	かえる	바꾸다, 변경하다 予定を変える。 예정을 변경하다.

N4

かける		걸다
		壁に絵をかける。 벽에 그림을 걸다.

飾る	かざる	장식하다, 꾸미다
		玄関に花を飾る。 현관에 꽃을 장식하다.

貸す	かす	빌려주다
		お金を貸す。 돈을 빌려주다.

片づける	かたづける	정리하다, 치우다
		机の上を片づける。 책상 위를 정리하다.

勝つ	かつ	이기다, 승리하다
		試合に勝つ。 시합에 이기다.

がまんする		참다
		健康のために酒をがまんする。 건강을 위해 술을 참다.

噛む	かむ	씹다
		ガムを噛む。 껌을 씹다.

通う	かよう	(정기적으로) 다니다
		自転車で学校に通う。 자전거로 학교에 다닌다.

借りる	かりる	빌리다
		図書館で本を借りる。 도서관에서 책을 빌리다.

乾く	かわく	마르다, 건조되다
		洗濯物が乾く。 빨래가 마르다.

変わる	かわる	바뀌다, 변하다
		雨が雪に変わる。 비가 눈으로 바뀌다.

考える	かんがえる	생각하다
		よく考えてから返事をする。 잘 생각하고 나서 대답을 하다.

がんばる		노력하다, 분발하다
		成功するまでがんばる。 성공할 때까지 노력하다.

気がある	きがある	마음이 있다, 관심이 있다 彼は彼女に気がある。 그는 그녀에게 관심이 있다.
聞こえる	きこえる	들리다 テレビの音がよく聞こえない。 텔레비전 소리가 잘 들리지 않는다.
決まる	きまる	정해지다, 결정되다 規則が決まる。 규칙이 정해지다.
決める	きめる	정하다, 결정하다 合格者を決める。 합격자를 정하다.
切る	きる	자르다, 끊다 はさみで紙を切る。 가위로 종이를 자르다.
着る	きる	입다 シャツを着る。 셔츠를 입다.
下さる	くださる	주시다(くれる의 존경) 先生が本を下さった。 선생님이 책을 주셨다.
曇る	くもる	흐리다 空が曇っている。 하늘이 흐리다.
比べる	くらべる	비교하다 二人の背の高さを比べる。 두 사람의 키를 비교하다.
くれる		주다 友だちがプレゼントをくれた。 친구가 선물을 주었다.
暮れる	くれる	저물다, 해가 지다 冬は日が暮れるのが早い。 겨울은 해가 빨리 진다.
消す	けす	① 지우다 黒板の字を消す。 칠판의 글씨를 지우다. ② 끄다 テレビを消す。 텔레비전을 끄다.

N4

ござる		있다(ある의 정중한 표현)
		お願いがございます。 부탁이 있습니다.

困る	こまる	곤란하다, 어려움을 겪다
		金に困る。 돈에 어려움을 겪다.

込む	こむ	붐비다, 혼잡하다
⊖すく 비다, 한산하다		電車が込んでいる。 전철이 붐비고 있다.

ご覧になる	ごらんになる	보시다(見る의 존경)
		今朝のニュースをご覧になりましたか。
		오늘 아침 뉴스를 보셨습니까?

転ぶ	ころぶ	구르다, 넘어지다
		階段で転ぶ。 계단에서 넘어지다.

壊す	こわす	부수다, 고장 내다, 망가뜨리다
		時計を壊してしまう。 시계를 망가뜨리다.

壊れる	こわれる	부서지다, 고장 나다, 망가지다
		壊れた車を修理する。 고장 난 차를 수리하다.

探す	さがす	찾다
		映画館で空いた席を探す。 영화관에서 빈 자리를 찾다.

下がる	さがる	내려가다
		気温が下がる。 기온이 내려가다.

下げる	さげる	내리다
		値段を下げる。 가격을 내리다.

差し上げる	さしあげる	드리다(あげる의 존경)
		この花を差し上げます。 이 꽃을 드립니다.

さす		받치다, 쓰다
		傘をさす。 우산을 쓰다.

騒ぐ	さわぐ	떠들다, 소란을 피우다
		子供が騒ぐ。 아이들이 떠들다.

触る	さわる	손대다, 만지다
		ヒーターに触らないでください。
		히터에 손대지 마세요.

叱る	しかる	꾸짖다, 혼내다
		子供を叱る。 아이를 꾸짖다.

しまう		① 끝내다, 마치다
		仕事をしまう。 업무를 끝내다.
		② 치우다, 정리하다
		本をしまう。 책을 치우다.

締める	しめる	(끈, 넥타이를) 매다
		ネクタイを締める。 넥타이를 매다.

知らせる	しらせる	알리다
		メールで予定を知らせる。 메일로 예정을 알리다.

調べる	しらべる	찾다, 조사하다
		辞書で調べる。 사전을 찾다.

知る	しる	알다
		この問題の答えを知っていますか。
		이 문제의 답을 알고 있습니까?

吸う	すう	들이마시다, 빨아들이다
		たばこを吸う。 담배를 피우다.

進める	すすめる	진행시키다, 추진하다
		工事を進める。 공사를 진행시키다.

過ぎる	すぎる	지나다, 통과하다
		入学して1年が過ぎた。 입학해서 1년이 지났다.

N4

すく

⟷ 込(こ)む 붐비다

비다, 한산하다

道(みち)がすいている。 길이 한산하다.

進む すすむ

나아가다, 전진하다, 진행되다

工事(こうじ)が進(すす)む。 공사가 진행되다.

滑る すべる

미끄러지다

足(あし)が滑(すべ)って転(ころ)ぶ。 발이 미끄러져 넘어지다.

育てる そだてる

기르다, 키우다, 양육하다

子供(こども)を育(そだ)てる。 아이를 기르다.

倒れる たおれる

쓰러지다, 넘어지다

自転車(じてんしゃ)が倒(たお)れる。 자전거가 쓰러지다.

足す たす

더하다, 보태다

1(いち)に2(に)を足(た)すと3(さん)になる。 1에 2를 더하면 3이 된다.

訪ねる たずねる

방문하다, 찾아뵙다

田中先生(たなかせんせい)の家(いえ)を訪(たず)ねる。 다나카 선생님의 집을 방문하다.

建つ たつ

(건물이) 지어지다, 건설되다

高(たか)いビルが建(た)つ。 높은 빌딩이 지어지다.

建てる たてる

(건물을) 짓다, 건설하다

新(あたら)しい家(いえ)を建(た)てる。 새로운 집을 짓다.

楽しむ たのしむ

① 즐기다

コーヒーの香(かお)りを楽(たの)しむ。 커피 향을 즐기다.

② 기대하다

子供(こども)の成長(せいちょう)を楽(たの)しむ。 아이의 성장을 기대하다.

頼む たのむ

부탁하다, 주문하다

食堂(しょくどう)でうどんを頼(たの)んだ。 식당에서 우동을 주문했다.

足りる たりる

충분하다

電車代(でんしゃだい)は千円(せんえん)あれば足(た)りる。

전철비는 천 엔 있으면 충분하다.

違う	ちがう	**다르다** みんなの考えが違う。 모두의 생각이 다르다.
使う	つかう	**사용하다, 이용하다, 쓰다** ボールペンを使って書く。 볼펜을 사용해서 쓰다.
捕まえる	つかまえる	**잡다, 체포하다** 警察がどろぼうを捕まえる。 경찰이 도둑을 잡다.
疲れる	つかれる	**지치다, 피로하다** 仕事で疲れる。 일에 지치다.
付く	つく	**붙다, 딸리다, 포함되다** ランチにサラダが付く。 점심 메뉴에 샐러드가 포함된다.
着く	つく	**도착하다, 닿다** 東京に着いたら連絡してください。 도쿄에 도착하면 연락해 주세요.
付ける	つける	**붙이다, 달다** 服にボタンを付ける。 옷에 단추를 달다.
伝える	つたえる	**전달하다** 電話で用件を伝える。 전화로 용건을 전달하다.
続く	つづく	**계속되다, 이어지다** いい天気が続く。 좋은 날씨가 계속되다.
続ける	つづける	**계속하다** 午後も会議を続ける。 오후에도 회의를 계속하다.
勤める	つとめる	**근무하다** 銀行に勤めている。 은행에 근무하고 있다.
釣る	つる	**낚다, 잡다** 川で魚を釣る。 강에서 물고기를 낚다.
連れる	つれる	**데리고 가다(오다), 동반하다** 犬を連れて散歩する。 개를 데리고 산책하다.

N4

133

できる		① 할 수 있다
		スポーツなら何でもできる。 스포츠라면 뭐든지 할 수 있다.
		② 완성되다
		料理ができたらすぐ食べよう。 요리가 완성되면 바로 먹자.
		③ 생기다, 발생하다
		家の近くにスーパーができた。 집 근처에 슈퍼가 생겼다.
手伝う	てつだう	돕다, 거들다
		掃除を手伝う。 청소를 돕다.
通る	とおる	지나다, 통과하다
		銀行の前を通る。 은행 앞을 지나다.
閉じる	とじる	닫다, 감다, 덮다
		目を閉じて考える。 눈을 감고 생각하다.
届く	とどく	도달하다, 도착하다
		荷物が届く。 짐이 도착하다.
届ける	とどける	① 전달하다
		部長に報告書を届ける。 부장님에게 보고서를 전달하다.
		② 신고하다
		財布を拾って交番に届ける。 지갑을 주워 파출소에 신고하다.
飛ぶ	とぶ	날다
		鳥が空を飛ぶ。 새가 하늘을 날다.
止まる	とまる	멈추다, 서다
		電車が駅に止まる。 전철이 역에 서다.
泊まる	とまる	묵다, 숙박하다
		友達の家に泊まる。 친구 집에 묵다.

止める	とめる	멈추다, 세우다 駅前に自転車を止める。 역 앞에 자전거를 세우다.
泊める	とめる	재우다, 묵게 하다, 숙박시키다 客を泊める。 손님을 묵게 하다.
とられる		도난 당하다, 빼앗기다 電車の中で財布をとられる。 전철 안에서 지갑을 도난 당하다.
取り替える	とりかえる	교체하다, 바꾸다 カーテンを取り替える。 커튼을 바꾸다.
取る	とる	(손에) 들다, 집다, 잡다 その本を取ってください。 그 책을 집어 주세요.
直す	なおす	고치다, 수리하다, 수정하다 壊れたテレビを直す。 고장 난 텔레비전을 수리하다.
治す	なおす	고치다, 치료하다, 낫게 하다 風邪を治す。 감기를 치료하다.
直る	なおる	고쳐지다, 수리되다, 수정되다 パソコンが早く直らないと困る。 컴퓨터가 빨리 수리되지 않으면 곤란하다.
治る	なおる	낫다, 치료되다 けがが治る。 상처가 낫다.
流れる	ながれる	흐르다 川が流れる。 강이 흐르다.
泣く	なく	울다 大きな声で泣く。 큰 소리로 울다.
無くす	なくす	잃다, 없애다 勉強に自信を無くす。 공부에 자신을 잃다.

亡くなる	なくなる	죽다, 사망하다
⊜死ぬ 죽다		病気で亡くなる。 병으로 죽다.

無くなる	なくなる	없어지다
		かばんが無くなる。 가방이 없어지다.

投げる	なげる	던지다
		ボールを投げて遊ぶ。 공을 던지며 놀다.

なさる		하시다(する의 존경)
		ご注文は何になさいますか。 주문은 무엇으로 하시겠습니까?

並ぶ	ならぶ	늘어서다, 줄지어 서다, 진열되다
		店の前に客が並んでいる。 가게 앞에 손님이 줄 서 있다.

鳴る	なる	울리다
		玄関のベルが鳴る。 현관 벨이 울리다.

慣れる	なれる	익숙해지다
		日本での生活に慣れる。 일본에서의 생활에 익숙해지다.

似合う	にあう	어울리다
		この服は私に似合わない。 이 옷은 나에게 어울리지 않는다.

逃げる	にげる	도망치다, 도망가다
		安全なところへ逃げる。 안전한 곳으로 도망치다.

似る	にる	닮다
		私は父に顔が似ている。 나는 아버지와 얼굴이 닮았다.

脱ぐ	ぬぐ	벗다
		帽子を脱いであいさつする。 모자를 벗고 인사하다.

盗む	ぬすむ	훔치다
		お金を盗んで逃げる。 돈을 훔쳐서 달아나다.

塗る	ぬる	바르다, 칠하다
		壁にペンキを塗る。 벽에 페인트를 칠하다.

濡れる	ぬれる	젖다
		道が雨に濡れている。 길이 비에 젖어 있다.

願う	ねがう	바라다, 희망하다
		成功を心から願う。 성공을 진심으로 바라다.

残る	のこる	남다
		会社に残って仕事を続ける。 회사에 남아 일을 계속하다.

乗り換える	のりかえる	갈아타다, 환승하다
		電車からバスに乗り換える。 전철에서 버스로 갈아타다.

拝見する	はいけんする	보다, 읽다(見る, 読む의 겸손)
		お手紙拝見しました。 편지 잘 보았습니다.

はく		① (바지, 치마를) 입다
		ズボンをはく。 바지를 입다.
		② (양말, 신발을) 신다
		靴をはく。 구두를 신다.

運ぶ	はこぶ	옮기다, 운반하다, 나르다
		荷物を運ぶ。 짐을 옮기다.

始める	はじめる	시작하다
		ジョギングを始める。 조깅을 시작하다.

走る	はしる	달리다
		犬が走ってくる。 개가 달려오다.

働く	はたらく	일하다
		工場で働く。 공장에서 일하다.

N4

はる		붙이다, 바르다
		教室に地図がはってある。 교실에 지도가 붙어 있다.

晴れる	はれる	날씨가 개다
		明日はよく晴れるらしい。 내일은 아주 맑게 갠다고 한다.

冷える	ひえる	차가워지다, 식다
		冷えたビールを飲む。 차가워진 맥주를 마시다.

光る	ひかる	빛나다
		星が光っている。 별이 빛나고 있다.

引く	ひく	끌다, 당기다
		ドアを引いて開ける。 문을 당겨서 열다.

引っ越す	ひっこす	이사하다
		もっと広い家に引っ越したい。 좀 더 넓은 집으로 이사하고 싶다.

開く	ひらく	열다, 개최하다
		店を開く。 가게를 열다.

増える	ふえる	늘다, 증가하다
		人が増える。 사람이 늘다.

吹く	ふく	(바람이) 불다, (숨을) 불다
		風が吹く。 바람이 불다.

ぶつかる		부딪치다
		バスとトラックがぶつかる。 버스와 트럭이 부딪치다.

太る	ふとる	살찌다
⊜ やせる 마르다, 살이 빠지다		甘い物を食べると太りやすい。 단 것을 먹으면 살찌기 쉽다.

踏む	ふむ	밟다
		電車の中で足を踏まれた。 전철 안에서 발을 밟혔다.

ほめる		칭찬하다
		先生が生徒をほめる。 선생님이 학생을 칭찬하다.

参る	まいる	오다, 가다(来る, 行く의 겸손)
		明日また参ります。 내일 또 오겠습니다.

負ける	まける	지다, 패배하다
		試合に負ける。 시합에 지다.

間違える	まちがえる	잘못하다, 착각하다, 틀리다
		答えを間違える。 답을 틀리다.

間に合う	まにあう	제 시간에 맞추다, 늦지 않다
		会議の時間に間に合う。 회의 시간에 늦지 않게 맞추다.

守る	まもる	지키다
		約束を守る。 약속을 지키다.

回す	まわす	돌리다, 회전시키다
		ハンドルを回す。 핸들을 돌리다.

回る	まわる	돌다, 돌아다니다
		有名なところを見て回る。 유명한 곳을 보면서 돌아다니다.

見える	みえる	보이다
		窓から海が見える。 창으로 바다가 보인다.

見つかる	みつかる	발견되다
		いい方法が見つかる。 좋은 방법이 발견되다.

見つける	みつける	발견하다, 찾아내다
		落し物を見つける。 잃어버린 물건을 발견하다.

迎える	むかえる	맞이하다
		駅で友人を迎える。 역에서 친구를 맞이하다.

召し上がる	めしあがる	드시다(食べる, 飲む의 존경)
		何を召し上がりますか。 무엇을 드시겠습니까?

N4

申し上げる	もうしあげる	말씀드리다(申す보다 정중한 표현)
		ご説明申し上げます。 설명 드리겠습니다.

申す	もうす	말씀드리다(言う의 겸양)
		私は中山と申します。 저는 나카야마라고 합니다.

持つ	もつ	들다, 가지다, 소유하다
		傘を持って出かける。 우산을 들고 외출하다.

戻す	もどす	되돌리다, 돌려놓다
		本を本棚に戻す。 책을 책장에 돌려놓다.

戻る	もどる	돌아오다
		急いで会社に戻る。 서둘러 회사로 돌아오다.

焼く	やく	굽다, 태우다
		パンを焼く。 빵을 굽다.

役に立つ	やくにたつ	도움이 되다, 유용하다
		この辞書は英語の勉強に役に立つ。
		이 사전은 영어 공부에 도움이 된다.

焼ける	やける	타다, 구워지다
		魚がおいしく焼ける。 생선이 맛있게 구워지다.

やせる		마르다, 살이 빠지다, 야위다
⬤太る 살찌다		病気でやせた。 병으로 살이 빠졌다.

やむ		멎다, 그치다
		雨がやむ。 비가 그치다.

やめる		그만두다, 끊다
		タバコをやめる。 담배를 끊다.

やる		① 주다
⊜あげる		花に水をやる。 꽃에 물을 주다.
		② 하다
⊜する		宿題をやる。 숙제를 하다.

揺れる	ゆれる	흔들리다 地震で家が揺れる。 지진으로 집이 흔들리다.
寄る	よる	들르다, 들리다 会社の帰りに書店に寄る。 회사에서 돌아오는 길에 서점에 들르다.
喜ぶ	よろこぶ	기뻐하다 合格を喜ぶ。 합격을 기뻐하다.
沸かす	わかす	끓이다 お湯を沸かす。 물을 끓이다.
別れる	わかれる	헤어지다, 작별하다, 이별하다 駅で友達と別れて家に帰る。 역에서 친구와 헤어져 집으로 돌아오다.
沸く	わく	끓다 お湯が沸く。 물이 끓다.
忘れる	わすれる	① 잊어버리다 約束を忘れる。 약속을 잊어버리다. ② 물건을 두고 오다 電車にかさを忘れる。 전철에 우산을 두고 오다.
渡す	わたす	건네다 プレゼントを渡す。 선물을 건네다.
渡る	わたる	건너다 道を渡る。 길을 건너다.
笑う	わらう	웃다 大声で笑う。 큰 소리로 웃다.
割る	わる	쪼개다, 깨뜨리다 ガラスを割る。 유리를 깨뜨리다.
割れる	われる	갈라지다, 깨지다 皿が割れる。 접시가 깨지다.

N4

浅い	あさい	얕다
⊖ 深い 깊다		この川は浅い。 이 강은 얕다.

熱い	あつい	뜨겁다
⊖ 冷たい 차갑다		熱いお茶を飲む。 뜨거운 차를 마시다.

厚い	あつい	두껍다
⊖ 薄い 얇다		厚いコートを着る。 두꺼운 코트를 입다.

危ない	あぶない	위험하다
		道路で遊ぶのは危ない。 도로에서 노는 것은 위험하다.

忙しい	いそがしい	바쁘다
⊖ ひまな 한가한		仕事で忙しい。 업무로 바쁘다.

薄い	うすい	얇다
⊖ 厚い 두껍다		肉を薄く切る。 고기를 얇게 자르다.

美しい	うつくしい	아름답다
		秋は紅葉が美しい。 가을은 단풍이 아름답다.

うまい		① 맛있다
⊖ おいしい		うまい料理を食べる。 맛있는 요리를 먹다.
		② 잘하다
⊖ 上手な 능숙한, 잘하는		彼女は歌がうまい。 그녀는 노래를 잘한다.

嬉しい	うれしい	기쁘다
⊖ 悲しい 슬프다		友達に会って嬉しかった。 친구를 만나서 기뻤다.

おかしい		① 이상하다, 평소와 같지 않다
		おなかの調子がおかしい。 속이 좋지 않다.
		② 재미있다, 우습다
		この漫画は本当におかしい。 이 만화는 정말 재미있다.

遅い	おそい	늦다, 느리다

➡ 速い (속도) 빠르다
➡ 早い (시간) 이르다

食べるのが遅い。 먹는 것이 느리다.
もう遅いから寝よう。 이제 늦었으니 자야겠다.

大人しい	おとなしい	얌전하다

大人しく座っていなさい。 얌전하게 앉아 있으렴.

固い	かたい	단단하다, 딱딱하다

➡ 柔らかい 부드럽다

固いパンが好きだ。 딱딱한 빵을 좋아한다.

かっこいい		멋지다

➡ かっこ悪い 꼴사납다

自分をかっこよく見せたい。
자신을 멋지게 보이고 싶다.

かっこ悪い	かっこわるい	꼴사납다, 멋이 없다, 볼썽사납다

➡ かっこいい 멋지다

階段で転んでかっこ悪かった。
계단에서 굴러서 볼썽사나웠다.

悲しい	かなしい	슬프다

➡ 嬉しい 기쁘다

別れは悲しい。 이별은 슬프다.

辛い	からい	맵다

私は辛い食べ物が好きだ。 나는 매운 음식을 좋아한다.

汚い	きたない	더럽다, 지저분하다

➡ きれいな 깨끗한

部屋が汚い。 방이 지저분하다.

厳しい	きびしい	엄하다, 엄격하다

厳しく注意する。 엄하게 주의를 주다.

苦しい	くるしい	괴롭다, 답답하다

息が苦しい。 숨이 답답하다.

細かい	こまかい	① 작다

➡ 詳しい

細かい字で書く。 작은 글씨로 쓰다.

② 자세하다, 상세하다

細かく説明する。 자세하게 설명하다.

| 怖い | こわい | 무섭다, 두렵다 |
| **恐ろしい** | | 地震が怖い。 지진이 무섭다. |

| 寂しい | さびしい | 외롭다, 쓸쓸하다 |
| | | 君がいなくて寂しい。 네가 없어서 외롭다. |

| 寒い | さむい | 춥다 |
| **暑い** 덥다 | | 冬は寒い。 겨울은 춥다. |

| 仕方ない | しかたない | 어쩔 수 없다, 하는 수 없다 |
| | | 考えても仕方ない。 생각해도 어쩔 수 없다. |

| 親しい | したしい | 친하다, 가깝다 |
| | | 彼は田中さんと親しい。 그는 다나카 씨와 친하다. |

| すごい | | 대단하다, 굉장하다 |
| | | すごくおもしろい。 굉장히 재미있다. |

| 涼しい | すずしい | 시원하다 |
| | | 涼しい風が吹く。 시원한 바람이 불다. |

| 素晴らしい | すばらしい | 훌륭하다, 멋있다 |
| | | 山からの景色は素晴らしい。
산에서 보는 경치는 멋있다. |

| 正しい | ただしい | 올바르다, 옳다 |
| | | その答えは正しい。 그 답은 옳다. |

| 足りない | たりない | 부족하다 |
| | | お金が足りない。 돈이 부족하다. |

| つまらない | | 재미없다, 시시하다 |
| **おもしろい** 재미있다 | | この映画はつまらない。 이 영화는 시시하다. |

冷たい	つめたい	① 차갑다
熱い 뜨겁다		冷たいジュースを飲む。 차가운 주스를 마시다.
		② 쌀쌀맞다, 냉정하다
優しい 상냥하다		田中さんは冷たい人です。 다나카 씨는 냉정한 사람입니다.

苦い ⊜甘い 달다	にがい	쓰다 このコーヒーは少し苦い。 이 커피는 조금 쓰다.
温い	ぬるい	미지근하다 お茶が温くなった。 차가 미지근해졌다.
眠い ⊜眠たい	ねむい	졸리다 寝不足で朝から眠い。 수면 부족 때문에 아침부터 졸리다.
眠たい ⊜眠い	ねむたい	졸리다 眠たそうな目をしている。 졸린 듯한 눈을 하고 있다.
恥ずかしい	はずかしい	부끄럽다, 쑥스럽다, 창피하다 成績が悪くて恥ずかしい。 성적이 나빠서 부끄럽다.
ひどい		심하다, 너무하다, 지독하다 今年の寒さはひどい。 올해 추위는 지독하다.
広い ⊜狭い 좁다	ひろい	넓다 家の前に広い公園がある。 집 앞에 넓은 공원이 있다.
深い ⊜浅い 얕다	ふかい	깊다 深く考える。 깊이 생각하다.
太い ⊜細い 가늘다	ふとい	굵다 太い線を書く。 굵은 선을 그리다.
欲しい	ほしい	갖고 싶다, 원하다 新しい車が欲しい。 새 차를 갖고 싶다.
細い ⊜太い 굵다	ほそい	가늘다, (폭이) 좁다 細い道を歩く。 좁은 길을 걷다.
細長い	ほそながい	가늘고 길다, 갸름하다 細長い顔をしている。 갸름한 얼굴을 하고 있다.
丸い	まるい	둥글다 ボールは丸い。 공은 둥글다.

N4

145

短い	みじかい	짧다
⊖長い 길다		髪を短く切る。 머리카락을 짧게 자르다.

珍しい	めずらしい	드물다, 희귀하다
		珍しい鳥を見た。 희귀한 새를 보았다.

易しい	やさしい	쉽다
⊖難しい 어렵다		テストの問題は易しかった。 시험 문제는 쉬웠다.

優しい	やさしい	상냥하다, 다정하다
⊖冷たい 쌀쌀맞다		優しい言葉をかける。 상냥한 말을 걸다.

柔らかい	やわらかい	부드럽다
⊖固い 딱딱하다		このパンは柔らかい。 이 빵은 부드럽다.

よろしい		괜찮다, 좋다(いい보다 정중한 말)
		今日は気分がよろしい。 오늘은 기분이 좋다.

若い	わかい	젊다, 어리다
		年より若く見える。 나이보다 젊게 보인다.

安全な	あんぜんな	**안전한**
⊖危険な 위험한		安全なコースを選んで歩く。 안전한 코스를 선택해서 걷다.

簡単な	かんたんな	**간단한**
⊖複雑な 복잡한		簡単に説明する。 간단하게 설명하다.

危険な	きけんな	**위험한**
⊖安全な 안전한		この道は車が多くて危険だ。 이 길은 차가 많아서 위험하다.

けっこうな		**① 좋은, 훌륭한**
		けっこうな入学祝いをもらう。 훌륭한 입학 선물을 받다.
		② 충분한, 만족스러운
		もう、お酒はけっこうです。 이제 술은 충분합니다.

盛んな	さかんな	**왕성한, 활발한**
		工業が盛んになる。 공업이 활발해지다.

残念な	ざんねんな	**유감스러운**
		試合に負けて残念だ。 시합에 져서 유감이다.

十分な	じゅうぶんな	**충분한**
		十分に説明する。 충분히 설명하다.

親切な	しんせつな	**친절한**
		親切な人が道を教えてくれた。 친절한 사람이 길을 가르쳐 주었다.

大事な	だいじな	**중요한, 소중한**
⊜大切な		家族を大事に考えている。 가족을 소중하게 생각하고 있다.

大切な	たいせつな	**중요한**
⊜大事な		上手になるためには、練習が大切だ。 잘하기 위해서는 연습이 중요하다.

だめな		① 안 되는(금지)
		ここで走ってはだめですよ。 여기서 뛰면 안 돼요.
		② 헛된(무의미함), 헛수고인
		頼んでみたが、だめだった。
		부탁해 보았지만 헛수고였다.
丁寧な	ていねいな	정중한, 꼼꼼한
		仕事を丁寧にする。 일을 꼼꼼하게 하다.
適当な	てきとうな	적당한
		紙を適当な大きさに切る。
		종이를 적당한 크기로 자르다.
特別な	とくべつな	특별한
		特別に注文する。 특별히 주문하다.
にぎやかな		번화한, 북적이는, 떠들썩한
		この町はにぎやかだ。 이 거리는 북적인다.
熱心な	ねっしんな	열심인
		熱心に勉強する。 열심히 공부하다.
複雑な	ふくざつな	복잡한
⟲ 簡単な 간단한		複雑な問題になる。 복잡한 문제가 되다.
不便な	ふべんな	불편한
⟲ 便利な 편리한		ここは交通が不便だ。 이곳은 교통이 불편하다.
下手な	へたな	서투른
⟲ 上手な 능숙한, 잘하는		下手な英語で話す。 서투른 영어로 말하다.
別な	べつな	다른, 별개인
		それとこれとは話が別だ。
		그것과 이것과는 이야기가 별개이다.
変な	へんな	이상한
		この薬は変なにおいがする。
		이 약은 이상한 냄새가 난다.

真面目な	まじめな	**성실한, 착실한**
		真面目<ruby>まじめ</ruby>に勉強<ruby>べんきょう</ruby>したら成績<ruby>せいせき</ruby>が上<ruby>あ</ruby>がった。
		착실하게 공부했더니 성적이 올랐다.

無理な	むりな	**무리한**
		その仕事<ruby>しごと</ruby>は一人<ruby>ひとり</ruby>では無理<ruby>むり</ruby>だ。
		그 일은 혼자서는 무리이다.

立派な	りっぱな	**훌륭한, 멋진**
		スーツを着<ruby>き</ruby>ると立派<ruby>りっぱ</ruby>に見<ruby>み</ruby>える。
		정장을 입으면 멋지게 보인다.

N4

부사

あんなに		그렇게
		あんなにいい人はいない。 그렇게 좋은 사람은 없다.
いかが		어떻게
		もう一杯いかがですか。 한 잔 더 어떻습니까?
いくら		아무리(〜ても가 뒤따름)
		いくら探しても見つからない。 아무리 찾아도 보이지 않는다.
いちいち		하나하나, 일일이, 전부
		いちいち説明する。 하나하나 설명하다.
いつか		언젠가
		またいつかお会いしましょう。 언젠가 또 만납시다.
一体	いったい	도대체
		一体何が言いたいんだ？ 도대체 무엇을 말하고 싶은 거야?
いっぱい		가득
		お腹いっぱい食べる。 배부르게 먹다.
おや		이런, 어, 어라
		おや、まだ帰らなかったの？ 어, 아직 안 갔어?
かなり		꽤, 상당히
⊜けっこう, だいぶ		かなり困っている。 꽤 곤란해하고 있다.
きっと		반드시, 틀림없이
		君ならきっと合格するよ。 너라면 반드시 합격할거야.
急に	きゅうに	갑자기
		急に雨が降り出した。 갑자기 비가 내리기 시작했다.
けっこう		꽤, 상당히, 그럭저럭
⊜かなり		けっこうおいしい。 꽤 맛있다.

これから

이제부터, 지금부터, 앞으로

これから学校(がっこう)に行(い)きます。 지금부터 학교에 갑니다.

こんなに

이렇게, 이토록

こんなに込(こ)むとは思(おも)わなかった。
이렇게 붐비리라고는 생각하지 못했다.

ざあざあ

주룩주룩, 콸콸

雨(あめ)がざあざあ降(ふ)っている。 비가 주룩주룩 내리고 있다.

しっかり

단단히, 확실히

靴(くつ)のひもをしっかりと結(むす)ぶ。 신발 끈을 단단히 매다.

ずいぶん

몹시, 아주, 대단히

体(からだ)の調子(ちょうし)がずいぶんよくなった。
몸 상태가 아주 좋아졌다.

すっかり

＝ まったく

완전히

すっかり約束(やくそく)を忘(わす)れていた。
완전히 약속을 잊고 있었다.

ずっと

① 계속

昨日(きのう)はずっと家(いえ)にいた。 어제는 계속 집에 있었다.

② 훨씬

この方(ほう)がずっと大(おお)きい。 이 쪽이 훨씬 크다.

N4

ぜひ

꼭

ぜひ参加(さんか)してください。 꼭 참가해 주세요.

全然 ぜんぜん

＝ ちっとも, 少(すこ)しも, まったく

전혀

意味(いみ)が全然(ぜんぜん)分(わ)からない。 의미를 전혀 모르겠다.

それほど

① 그 정도로, 그렇게

それほど欲(ほ)しいならあげよう。
그렇게 갖고 싶다면 줄게.

② 그다지, 별로

＝ あまり

それほど難(むずか)しくない。 그다지 어렵지 않다.

そろそろ		슬슬
		そろそろ出^でかけよう。 슬슬 나가자.

そろそろ出^でかけよう。 슬슬 나가자.

そんなに		그렇게

そんなに心配^{しんぱい}しなくてもいい。
그렇게 걱정하지 않아도 된다.

大体	だいたい	대개, 대강, 대체로

説明^{せつめい}は大体^{だいたい}分^わかりました。 설명은 대강 알겠습니다.

大抵	たいてい	대개, 대부분

休日^{きゅうじつ}は大抵^{たいてい}家^{いえ}で過^すごす。 휴일은 대부분 집에서 지낸다.

だいぶ		상당히, 몹시
⊜ かなり		

今日^{きょう}はだいぶ寒^{さむ}い。 오늘은 상당히 춥다.

確か	たしか	분명히

確^{たし}か今日^{きょう}も営業^{えいぎょう}しているはずだ。
분명히 오늘도 영업하고 있을 것이다.

例えば	たとえば	예를 들면

私^{わたし}は冬^{ふゆ}のスポーツ、例^{たと}えばスキーが好^すきです。
저는 겨울 스포츠, 예를 들면 스키를 좋아합니다.

多分	たぶん	아마

多分^{たぶん}行^いけると思^{おも}う。 아마 갈 수 있을 것 같다.

たまに		간혹, 이따금

たまに映画^{えいが}を見^みる。 이따금 영화를 본다.

ちっとも		조금도, 전혀
⊜ 全然^{ぜんぜん}, 少^{すこ}しも, まったく		

この本^{ほん}はちっともおもしろくない。
이 책은 전혀 재미가 없다.

ちょうど		정확히, 딱

ちょうど約束^{やくそく}の時間^{じかん}に着^つく。
정확히 약속 시간에 도착하다.

できるだけ		**가능한 한**
⊖ なるべく		できるだけ早く返事をください。 가능한 한 빨리 답장을 주세요.

とうとう		**끝내, 마침내, 결국**
⊖ ついに, いよいよ, ようやく		彼はとうとう来なかった。 그는 끝내 오지 않았다.

特に	とくに	**특히, 특별히**
		特に問題はなかった。 특별히 문제는 없었다.

どんどん		**착착, 순조롭게**
		工事がどんどん進む。 공사가 순조롭게 진행되다.

どんなに		**아무리**
		どんなに遅くても3時までには戻ります。 아무리 늦어도 3시까지는 돌아오겠습니다.

なかなか		**① 꽤, 상당히**
⊖ かなり, けっこう		この本はなかなかおもしろい。 이 책은 상당히 재미있다.
		② 좀처럼(~ない가 뒤따름)
		タクシーがなかなかつかまらない。 택시가 좀처럼 잡히지 않는다.

など		**~등 〈조사〉**
		休みの日は、掃除や洗濯などをします。 쉬는 날에는 청소나 빨래 등을 합니다.

なるべく		**가능한 한**
⊖ できるだけ		なるべく出席してください。 가능한 한 출석해 주세요.

なるほど		**과연, 정말**
⊖ たしかに, ほんとうに		なるほどこの本はおもしろい。 과연 이 책은 재미있다.

ばかり		**~뿐, ~만 〈조사〉**
		いつも怒ってばかりいる。 언제나 화만 내고 있다.

N4

はじめて
처음으로

はじめてお目にかかります。 처음 뵙겠습니다.

はじめに
우선, 먼저

⊜ まず

はじめに私から報告いたします。
우선 저부터 보고하겠습니다.

はっきり
분명히

はっきりと見える。 분명하게 보인다.

非常に　ひじょうに
매우, 상당히

非常に悲しい。 매우 슬프다.

びっくり
깜짝 놀람

値段を聞いてびっくりする。 가격을 듣고 깜짝 놀라다.

ぺらぺら
① 술술, 유창한

彼女は英語がぺらぺらだ。 그녀는 영어가 유창하다.

② 나불거리는, 나불나불

人の秘密をぺらぺら話す。
다른 사람의 비밀을 나불나불 이야기하다.

ほとんど
거의, 대부분

ほとんど終わりました。 거의 끝났습니다.

まず
우선, 먼저

⊜ はじめに

まずお茶でも飲んでください。 우선 차라도 드세요.

もう
이미, 벌써, 이제

会議はもう終わりました。 회의는 벌써 끝났습니다.

もうすぐ
이제 곧, 머지않아

もうすぐ来るでしょう。 이제 곧 오겠지요.

もう一つ　もうひとつ
하나 더, 조금 더

コップをもう一つください。 컵을 하나 더 주세요.

もし	만약
	もし明日雨が降ったら中止になります。
	만약 내일 비가 내리면 중지됩니다.

もちろん	물론
	もちろん出席します。 물론 출석하겠습니다.

やっと	겨우, 간신히
	やっと成功した。 겨우 성공했다.

やはり	역시
⊜ やっぱり, はたして	彼はやはり来なかった。 그는 역시 오지 않았다.

よく	① 잘
	星がよく見える。 별이 잘 보인다.
	② 자주
	よく映画を見に行く。 자주 영화를 보러 간다.

わざわざ	일부러
	わざわざ行かなくてもいい。 일부러 가지 않아도 된다.

N4

けれども	하지만, 그렇지만 〈접속사〉
	がんばった。けれども、失敗した。 열심히 했다. 그렇지만 실패했다.

しかし	그러나, 하지만 〈접속사〉
	天気は悪い。しかし、出かける。 날씨는 좋지 않다. 그러나 외출하겠다.

すると	그러자, 그랬더니 〈접속사〉
	ドアをノックした。すると誰か出てきた。 문을 노크했다. 그러자 누군가 나왔다.

そして	그리고 〈접속사〉
	中学校を卒業して、そして、高校に入学した。 중학교를 졸업하고, 그리고 고등학교에 입학했다.

それから	그리고, 그러고 나서 〈접속사〉
	顔を洗って、それからご飯を食べる。 세수를 하고, 그리고 밥을 먹는다.

それで	그래서 〈접속사〉
	昨日は天気が悪かった。それで出かけなかった。 어제는 날씨가 나빴다. 그래서 외출하지 않았다.

それでは	그러면, 그럼 〈접속사〉
	それでは始めましょう。 그럼 시작합시다.

それに	게다가 〈접속사〉
	この仕事は楽だ。それに給料もいい。 이 일은 편하다. 게다가 급료도 좋다.

だから	그러므로, 그러니까, 그래서 〈접속사〉
	もう時間がない。だから急がなければならない。 이제 시간이 없다. 그러니까 서둘러야 한다.

または	또는 〈접속사〉
	電話またはメールで知らせます。 전화 또는 메일로 알려드리겠습니다.

| **アイデア** | **아이디어** |
| いいアイデアを出す。 좋은 아이디어를 내다. |

| **アイロン** | **다리미** |
| アイロンをかける。 다리미로 다리다. |

| **アクセサリー** | **액세서리, 장식품** |
| アクセサリーをつける。 액세서리를 하다. |

| **アジア** | **아시아** |
| アジアには多くの国がある。 아시아에는 많은 나라가 있다. |

| **アナウンサー** | **아나운서** |
| アナウンサーがニュースを読む。 아나운서가 뉴스를 읽는다. |

| **アニメ**
⊜ アニメーション | **애니메이션, 만화영화** |
| テレビでアニメを見る。 텔레비전으로 애니메이션을 보다. |

| **アフリカ** | **아프리카** |
| アフリカを旅行する。 아프리카를 여행하다. |

| **アメリカ** | **미국** |
| アメリカに留学に行く。 미국으로 유학가다. |

| **アルコール** | **알코올** |
| この飲み物にはアルコールが入っている。
이 음료에는 알코올이 들어 있다. |

| **アルバイト**
⊜ パートタイム 파트타임 | **아르바이트** |
| 本屋でアルバイトをする。 서점에서 아르바이트를 하다. |

| **イヤリング**
⊜ イアリング | **귀걸이** |
| イヤリングをつける。 귀걸이를 하다. |

| **エアコン** | **에어컨** |
| エアコンが壊れている。 에어컨이 고장 나 있다. |

N4

エスカレーター	에스컬레이터

4階まではエスカレーターで上がる。
4층까지는 에스컬레이터로 올라가다.

オートバイ	오토바이

オートバイに乗って走る。 오토바이를 타고 달리다.

カーテン	커튼

部屋のカーテンを閉める。 방의 커튼을 닫다.

ガス	가스

ガスの火を強くする。 가스 불을 세게 하다.

ガソリン	가솔린, 휘발유

ガソリンの値段が上がる。 휘발유 값이 오르다.

ガソリンスタンド	주유소

近くのガソリンスタンドを探す。 가까운 주유소를 찾다.

ガラス	유리

ガラスは割れやすい。 유리는 깨지기 쉽다.

カレー	카레

昼食はカレーにする。 점심 식사는 카레로 하다.

キッチン	부엌
●台所	

キッチンで料理をする。 부엌에서 요리를 하다.

キログラム	킬로그램

体重が5キログラムも増えてしまった。
체중이 5킬로그램이나 늘어 버렸다.

キロメートル	킬로미터

時速100キロメートルで走る。 시속 100킬로미터로 달리다.

ケーキ	케이크

ケーキを半分に切る。 케이크를 반으로 자르다.

ケース	ケイス, 상자
	ケースに入れる。 케이스에 넣다.

コンサート	콘서트, 음악회
	市民ホールでコンサートが開かれた。 시민 홀에서 콘서트가 열렸다.

コンピューター	컴퓨터
	コンピューターを使ってメールを送る。 컴퓨터를 사용해서 메일을 보내다.

サイン	사인, 서명
	作家にサインをもらう。 작가에게 사인을 받다.

サッカー	축구
	友達とサッカーを見に行く。 친구와 축구를 보러 가다.

サラダ	샐러드
	野菜サラダを食べる。 야채 샐러드를 먹다.

サンダル	샌들
	夏はやはりサンダルがいい。 여름은 역시 샌들이 좋다.

サンドイッチ	샌드위치
	ハムと野菜の入ったサンドイッチを買った。 햄과 야채가 든 샌드위치를 샀다.

ジャム	잼
	イチゴジャムを塗って食べる。 딸기잼을 발라 먹다.

ジュース	주스
	オレンジジュースを飲む。 오렌지 주스를 마시다.

スイッチ	스위치
	スイッチを入れる。 스위치를 켜다.

スーツ	슈트, 양복
	黒いスーツを着る。 검은 양복을 입다.

N4

| スーツケース | 슈트케이스, 여행가방 |

スーツケースを持ち歩く。 슈트케이스를 가지고 다니다.

| スーパー | 슈퍼, 슈퍼마켓 |

● スーパーマーケット

スーパーに買い物に行く。 슈퍼에 쇼핑하러 가다.

| スクリーン | 스크린 |

映画をスクリーンに映す。 영화를 스크린에 상영하다.

| ステーキ | 스테이크 |

ステーキを焼く。 스테이크를 굽다.

| ステレオ | 스테레오, 음향 장치 |

このステレオは音がいい。 이 스테레오는 소리가 좋다.

| スピーカー | 스피커, 확성기 |

スピーカーで音を出す。 스피커로 소리를 내다.

| スピーチ | 연설, 담화 |

みんなの前でスピーチをする。 모두의 앞에서 연설을 하다.

| スピード | 스피드, 속도 |

スピードを上げる。 속도를 올리다.

| スリッパ | 슬리퍼 |

室内ではスリッパをはく。 실내에서는 슬리퍼를 신는다.

| セット | ① 세트, 한 벌 |

コーヒーセットをプレゼントする。
커피 세트를 선물하다.

② 설정, 맞춤

目覚まし時計を6時にセットした。
자명종을 6시로 설정했다.

| ソフト | 부드러움 |

ソフトに言う。 부드럽게 말하다.

タイプ	타입, 종류, 유형 新しいタイプの車を作る。　새로운 종류의 자동차를 만들다.
ダンス	댄스, 춤 ダンスパーティーを開く。　댄스 파티를 열다.
チェック	체크, 확인 明日のスケジュールをチェックする。　내일 스케줄을 확인하다.
チケット	티켓, 표 コンサートのチケットを買う。　콘서트 티켓을 사다.
チャンス	찬스, 기회 チャンスを逃がす。　기회를 놓치다.
デート	데이트 彼女とデートする。　그녀와 데이트하다.
テキスト	텍스트, 교재 このテキストから試験の問題が出ます。 이 교재에서 시험 문제가 나옵니다.
テニス	테니스 友だちとテニスをした。　친구와 테니스를 쳤다.
トラック	트럭 トラックで荷物を運ぶ。　트럭으로 짐을 옮기다.
ドラマ	드라마 朝のテレビドラマを見る。　아침 텔레비전 드라마를 보다.
ドレス	드레스 長いドレスを着る。　긴 드레스를 입다.
ニュース	뉴스 地震のニュースを見る。　지진 뉴스를 보다.

N4

パートタイム	파트타임

⊖ **アルバイト** 아르바이트

パートタイムで働<ruby>働<rt>はたら</rt></ruby>く。 파트타임으로 일하다.

バケツ	양동이

バケツに水<ruby>水<rt>みず</rt></ruby>を入<ruby>入<rt>い</rt></ruby>れる。 양동이에 물을 넣다.

パソコン	컴퓨터

パソコンが壊<ruby>壊<rt>こわ</rt></ruby>れたので新<ruby>新<rt>あたら</rt></ruby>しいのを買<ruby>買<rt>か</rt></ruby>った。
컴퓨터가 고장나서 새 것을 샀다.

バター	버터

パンにバターをつける。 빵에 버터를 바르다.

ハンバーグ	햄버그스테이크

⊖ **ハンバーグステーキ**

牛肉<ruby>牛肉<rt>ぎゅうにく</rt></ruby>でハンバーグを作<ruby>作<rt>つく</rt></ruby>る。 쇠고기로 햄버그스테이크를 만들다.

ピアノ	피아노

ピアノを練習<ruby>練習<rt>れんしゅう</rt></ruby>する。 피아노를 연습하다.

ビール	맥주

ビールを飲<ruby>飲<rt>の</rt></ruby>む。 맥주를 마시다.

ピクニック	소풍, 야유회

ピクニックに出<ruby>出<rt>で</rt></ruby>かける。 소풍을 나가다.

ピンク	핑크, 분홍색

ピンク色<ruby>色<rt>いろ</rt></ruby>のブラウスを着<ruby>着<rt>き</rt></ruby>る。 분홍색 블라우스를 입다.

フィルム	필름

フィルムを一本<ruby>一本<rt>いっぽん</rt></ruby>買<ruby>買<rt>か</rt></ruby>う。 필름을 한 통 사다.

プール	풀장, 수영장

プールで泳<ruby>泳<rt>およ</rt></ruby>ぐ。 수영장에서 헤엄치다.

フォーク	포크

ナイフとフォークを使<ruby>使<rt>つか</rt></ruby>って食事<ruby>食事<rt>しょくじ</rt></ruby>をする。
나이프와 포크를 사용해서 식사를 하다.

プリント	**프린트, 인쇄, 인쇄물** プリントを渡す。 프린트를 건네주다.
プレゼント	**선물** 誕生日のプレゼントをあげる。 생일 선물을 주다.
ページ	**페이지, 쪽** テキストの３５ページを開いてください。 교재 35쪽을 펴 주세요.
ベッド	**침대** ベッドに入る。 잠자리에 들다.
ペット	**반려동물** ペットを飼う。 반려동물을 기르다.
ベル	**벨** 電話のベルが鳴る。 전화벨이 울리다.
ボート	**보트** 二人でボートに乗る。 둘이서 보트를 타다.
ボール	**볼, 공** ボールを投げる。 공을 던지다.
ポスト	**우편함, 우체통** ポストに手紙を入れる。 우체통에 편지를 넣다.
マスク	**마스크, 가면** マスクをかける。 마스크를 쓰다.
マッチ	**성냥** マッチで火をつける。 성냥으로 불을 붙이다.
メニュー	**메뉴** メニューを見て注文する。 메뉴를 보고 주문하다.
メロン	**멜론** このメロンはとても甘い。 이 멜론은 매우 달다.

N4

ラジカセ
● ラジオカセット

라디오 카세트

電気屋でラジカセを買った。 전자 제품 가게에서 라디오 카세트를 샀다.

ルール

룰, 규칙, 법칙

ルールを守る。 규칙을 지키다.

レコード

레코드, 기록, 음반

レコードをかけて音楽を楽しむ。 레코드를 틀고 음악을 즐기다.

レジ

계산대

レジでお金を払う。 계산대에서 돈을 지불하다.

レベル

레벨, 수준

生活のレベルが高い。 생활 수준이 높다.

レポート

리포트, 보고서

レポートを書く。 보고서를 쓰다.

ワープロ
● ワードプロセッサー

워드 프로세서, 문서 작성 프로그램

ワープロで文書を作る。 워드 프로세서로 문서를 만들다.

ワイシャツ

와이셔츠

ワイシャツにネクタイをする。
와이셔츠에 넥타이를 하다.

ワンピース

원피스

娘にワンピースを買ってあげた。 딸에게 원피스를 사 주었다.

行ってまいります	いってまいります	다녀오겠습니다
行ってらっしゃい	いってらっしゃい	다녀오세요
お帰りなさい	おかえりなさい	어서 오세요 〈귀가 인사〉
おかげさまで		덕분에요
お元気ですか	おげんきですか	잘 지내십니까?
お大事に	おだいじに	몸조심하세요
お待たせしました	おまたせしました	오래 기다리셨습니다
おめでとうございます		축하합니다
かしこまりました		잘 알겠습니다, 분부대로 하겠습니다
ただいま		다녀왔습니다 〈귀가 인사〉
ようこそ		어서 오십시오, 환영합니다

N4

JLPT
보카
___
N4

문 자 · 어 휘
모의고사

もんだい1 ＿＿＿の ことばは ひらがなで どう かきますか。1・2・
　　　　3・4から いちばん いい ものを ひとつ えらんで くだ
　　　　さい。

1　つぎの 特急 でんしゃに 乗りましょう。

　　1 ときゅう　　　2 とうきゅう　　　3 とっきゅ　　　4 とっきゅう

2　あつまる 場所は どこですか。

　　1 じゅうしょ　　2 じょうしょ　　3 ちょうしょ　　4 ばしょ

3　駅の 窓口で きっぷを 買った。

　　1 いりぐち　　　2 いりくち　　　3 まどぐち　　　4 まどくち

4　さいきん、 きゅうに 涼しく なって きた。

　　1 ただしく　　　2 きびしく　　　3 すずしく　　　4 おかしく

5　海で 短い やすみを たのしんだ。

　　1 うるさい　　　2 ほそい　　　3 わかい　　　4 みじかい

6　こどもたちの 笑う こえが きこえる。

　　1 あらう　　　　2 わらう　　　3 にあう　　　4 ならう

7　大学で 経済を べんきょうして います。

　　1 けいさい　　　2 けいざい　　　3 こうせい　　　4 こうぜい

もんだい2 ＿＿＿ の ことばは どう かきますか。1・2・3・4から
いちばん いい ものを ひとつ えらんで ください。

8   おゆを わかして おちゃを 飲む。

   1 熱かして   2 冷かして   3 沸かして   4 温かして

9   あには 大学で れきしを べんきょうして いる。

   1 役史   2 絡志   3 歴史   4 役詩

10 えいごの はつおんは むずかしい。

   1 発昔   2 発倍   3 発音   4 発暗

11 しみずさんは びょういんで はたらいて います。

   1 勤いて   2 動いて   3 働いて   4 権いて

12 この 店は、 テレビで しょうかいされて ゆうめいに
なった。

   1 招待   2 紹介   3 招介   4 紹待

1회

もんだい3 （　　　）に なにを いれますか。1・2・3・4から いちばん
　　　いい ものを ひとつ えらんで ください。

13　（　　　）電話を かけても だれも でなかった。
　　　1 いくら　　　　2 いくつ　　　　3 どうして　　　4 どんな

14　日本で 買った プレゼントを 国へ （　　　）。
　　　1 かけました　　2 なげました　　3 あげました　　4 おくりました

15　毎日 （　　　）ふくしゅうして ください。
　　　1 ぜんぜん　　　2 かならず　　　3 けっして　　　4 たぶん

16　会議に （　　　）ように 駅から はしった。
　　　1 おくれる　　　2 まにあう　　　3 みつける　　　4 ぶつかる

17　6時に レストランを （　　　）して おきました。
　　　1 ごちそう　　　2 よしゅう　　　3 やくそく　　　4 よやく

18　まだ やわらかいもの （　　　）は 食べられません。
　　　1 以外　　　　　2 以上　　　　　3 以下　　　　　4 以内

19　わたしたちの かんけいは （　　　）ものでは ありません。た
　　だの 友だちです。
　　　1 たんじゅんな　2 とくべつな　　3 とくいな　　　4 たんきな

20　こうそくどうろに 出ると、 かれは （　　　）を あげた。
　　　1 ハンドル　　　2 エンジン　　　3 スピード　　　4 ドライブ

もんだい4 ＿＿＿ の ぶんと だいたい おなじ いみの ぶんが あります。1・2・3・4から いちばん いい ものを ひとつ えらん でください。

21 かんじを 書くのは へたです。

1 かんじを 書くのは もんだい ありません。

2 かんじを 書くのは じしんが ありません。

3 かんじを 書くのは ふべんでは ありません。

4 かんじを 書くのは むずかしく ありません。

22 先生に しつもんして ください。

1 先生に かんがえて ください。

2 先生に こたえて ください。

3 先生に きいて ください。

4 先生に なおして ください。

23 この ボタンは きけんな ときに おします。

1 この ボタンは あぶない ときに おします。

2 この ボタンは うるさい ときに おします。

3 この ボタンは わからない ときに おします。

4 この ボタンは いそがしい ときに おします。

24 たなかさんは びょうきが なおって、 びょういんから うちへ もどった そうです。

1 たなかさんは そつぎょうした そうです。

2 たなかさんは よやくした そうです。

3 たなかさんは そうたいした そうです。

4 たなかさんは たいいんした そうです。

もんだい5 つぎの ことばの つかいかたで いちばん いい ものを
　　　　　　1・2・3・4から ひとつ えらんで ください。

25　したく

1　これは　したくだから　まもって　ください。

2　てがみの　したくを　書かなければ　ならない。

3　ちちは　だいどころで　しょくじの　したくを　して　いる。

4　せんげつ、新しい　家に　したくしました。

26　きびしい

1　この　パンは　とても　きびしくて　食べられません。

2　この　部屋は　そうじを　して　いないので、　きびしい。

3　この　ジュースは　きびしくて　おいしいです。

4　なかむら先生は　時間に　きびしい　人です。

27　そうじ

1　この　ズボンは　ふるいですが、　そうじして　きて　いる。

2　部屋を　そうじしてから　買い物に　でかけます。

3　いすが　こわれて　しまったので　そうじを　した。

4　友だちと　おおきい　にもつを　にかいまで　そうじした。

28　おもいで

1　ちちと　ははは　おもいでが　ちがうので、　よく　けんかする。

2　来週、　友だちと　えいがに　行く　おもいでです。

3　家族で　いっしょに　りょこうして、　いい　おもいでを　した。

4　この　しゃしんは　わたしには　たいせつな　おもいです。

もんだい1 ＿＿＿ の ことばは ひらがなで どう かきますか。1・2・3・4から いちばん いい ものを ひとつ えらんで ください。

1 森の なかを ゆっくり あるいた。
　　1 はやし　　　　2 もり　　　　　3 まる　　　　　4 ゆか

2 これは へんな 味が します。
　　1 あじ　　　　　2 いろ　　　　　3 におい　　　　4 かたち

3 まいにち 日記を かいて います。
　　1 にっき　　　　2 にちき　　　　3 にっきい　　　4 にちきい

4 わたしは その いけんに 賛成です。
　　1 かんせい　　　2 がんせい　　　3 さんせい　　　4 ざんせい

5 あの みせの 店員は とても しんせつです。
　　1 ていいん　　　2 ていにん　　　3 てんいん　　　4 てんにん

6 はなびたいかいは たいふうで 中止に なった。
　　1 じゅうと　　　2 ちゅうと　　　3 じゅうし　　　4 ちゅうし

7 かんじを 正しく かいて ください。
　　1 ただしく　　　2 うつくしく　　　3 すずしく　　　4 めずらしく

もんだい2 ＿＿＿ の ことばは どう かきますか。1・2・3・4から
いちばん いい ものを ひとつ えらんで ください。

8　かべに えを かけました。

　　1 板　　　　　2 壁　　　　　3 床　　　　　4 門

9　ピアノの おとが 聞こえる。

　　1 音　　　　　2 闇　　　　　3 暗　　　　　4 倍

10　しつもんの いみが ぜんぜん わからない。

　　1 全然　　　　2 千前　　　　3 先然　　　　4 全前

11　とても ねむかったので コーヒーを 飲んだ。

　　1 眠かった　　2 眠むかった　3 寝かった　　4 寝むかった

12　コンサートまで じかんが ありますから、 いそがなくても ま
　　にあいますよ。

　　1 間に会います　　　　　　　2 問に合います

　　3 問に会います　　　　　　　4 間に合います

もんだい3 （　　　）に　なにを　いれますか。1・2・3・4から　いちばん
　　　　　いい　ものを　ひとつ　えらんで　ください。

13 やまださんが　けっせきしたと　聞いて　みんな　（　　　）しまし
た。

　　1 しんぱい　　　2 しつれい　　　3 ねぼう　　　　4 よやく

14 たなかさんも　こんどの　パーティーに　（　　　）いっしょに
行きましょう。

　　1 いつも　　　　2 もし　　　　　3 ぜひ　　　　　4 たぶん

15 たいふうのため、東京では　つよい　かぜが　（　　　）いる。

　　1 ふって　　　　2 ふいて　　　　3 ふえて　　　　4 ふんで

16 じぶんの　なまえを　よばれたら、おおきい　こえで　（　　　）
して　ください。

　　1 へんじ　　　　2 ほうそう　　　3 れんらく　　　4 そうだん

17 あたらしい　くるまを　かうか　どうか、まだ　（　　　）いな
いんです。

　　1 あやまって　　2 かりて　　　　3 かざって　　　4 きめて

18 おなかが　いっぱいで、これ（　　　）食べられません。

　　1 いじょう　　　2 いか　　　　　3 いがい　　　　4 いない

19 家を　出る　前に　でんきを　けしたか　（　　　）します。

　　1 ガイド　　　　2 オープン　　　3 チェック　　　4 スピーチ

20 ひらがなは　ぜんぶ　（　　　）が、カタカナは　まだです。

　　1 つくりました　2 よびました　　3 おぼえました　4 しりました

もんだい4 ＿＿＿の ぶんと だいたい おなじ いみの ぶんが ありま
す。1・2・3・4から いちばん いい ものを ひとつ え
らん でください。

21 やましたさんは ほんとうに 歌が うまい。

1 やましたさんは ほんとうに 歌が じょうずだ。
2 やましたさんは ほんとうに 歌が よわい。
3 やましたさんは ほんとうに 歌が たかい。
4 やましたさんは ほんとうに 歌が おいしい。

22 あねは ダンスに むちゅうに なって いる。

1 あねは はしりに むちゅうに なって いる。
2 あねは およぎに むちゅうに なって いる。
3 あねは おどりに むちゅうに なって いる。
4 あねは りょうりに むちゅうに なって いる。

23 さとうさんは 食堂で はたらいて います。

1 さとうさんは 食堂で ごはんを 食べて います。
2 さとうさんは 食堂で 仕事を して います。
3 さとうさんは 食堂で 友だちと はなして います。
4 さとうさんは 食堂で 人を まって います。

24 きけんな ときは この ベルを おして ください。

1 あぶない ときは この ベルを おして ください。
2 ゆるい ときは この ベルを おして ください。
3 かゆい ときは この ベルを おして ください。
4 やわらかい ときは この ベルを おして ください。

もんだい5 つぎの　ことばの　つかいかたで　いちばん　いい　ものを
　　　　　1・2・3・4から　ひとつ　えらんで　ください。

25 そうじ

1 毎日　てを　そうじします。
2 毎日　部屋を　そうじします。
3 毎日　カーテンを　そうじします。
4 毎日　本を　そうじします。

26 はずかしい

1 すいえいが　じょうずに　なって　はずかしいです。
2 仕事を　して、　おかねを　もらって　ほんとうに　はずかしい。
3 やさしい　もんだいを　まちがえて、　ははずかしいです。
4 ひっこして　友だちに　会えなくて、　はずかしいです。

27 よやく

1 みんなで　しょくじを　するので、　みせを　よやくしました。
2 こんどの　どようびに　かいものに　いく　よやくです。
3 なつやすみに　友だちと　りょこうに　行く　よやくです。
4 あした　べんきょうする　かんじを　よやくして　おいて　ください。

28 あやまる

1 ちちの　びょうきが　なおるように　あやまって　います。
2 わるい　ことを　したら、　あやまらなくては　いけませんよ。
3 いつでも　いいから、　こまった　ときには　すぐに　あやまって
　ください。
4 友だちに　プレゼントを　もらったので、　あやまりました。

2회

177

もんだい1 ＿＿＿の ことばは ひらがなで どう かきますか。1・2・
3・4から いちばん いい ものを ひとつ えらんで くだ
さい。

1 この ペンを 使って ください。
  1 うって　　　　2 かって　　　　3 つかって　　　4 つくって

2 やさいは ちいさく 切って ください。
  1 きって　　　　2 とって　　　　3 もって　　　　4 うって

3 この かばんは おもくて 不便です。
  1 ふびん　　　　2 ぶびん　　　　3 ふべん　　　　4 ぶべん

4 そんなに 泣かないで ください。
  1 かかないで　　2 なかないで　　3 おかないで　　4 せかないで

5 コーヒーは 苦いので あまり すきでは ありません。
  1 ふるい　　　　2 にがい　　　　3 わかい　　　　4 あつい

6 なつやすみの アルバイトは いい 経験に なりました。
  1 かいえん　　　2 かいけん　　　3 けいえん　　　4 けいけん

7 子どもに かわいい 人形を 買って あげた。
  1 じんぎょう　　2 じんけい　　　3 にんぎょう　　4 にんけい

もんだい2 ＿＿＿の ことばは どう かきますか。1・2・3・4から
　　　　　いちばん いい ものを ひとつ えらんで ください。

8 その 本を かして ください。

　　1 賃して　　　　2 資して　　　　3 貸して　　　　4 負して

9 らいげつの 予定は まだ きまって いません。

　　1 予定　　　　2 矛定　　　　3 予完　　　　4 矛完

10 きっぷうりばは どこですか。

　　1 店り場　　　2 買り場　　　3 売り場　　　4 販り場

11 こんや サッカーの しあいが あります。

　　1 試会　　　　2 試合　　　　3 詞会　　　　4 詞合

12 この 店は 10時から 7時まで えいぎょうします。

　　1 宮業　　　　2 宮集　　　　3 営集　　　　4 営業

もんだい3 （　　　）に なにを いれますか。1・2・3・4から いちばん いい ものを ひとつ えらんで ください。

13　この ちゅうしゃじょうに 車を（　　　）ことが できます。

　　1 あらう　　　　2 つくる　　　　3 とめる　　　　4 なおす

14　びじゅつかんに 行ったら、学生たちが 先生と（　　　）に 来て いた。

　　1 せいかつ　　　2 しょうかい　　3 こうじ　　　　4 けんがく

15　体の（　　　）が わるかったので、学校を 休んだ。

　　1 ばあい　　　　2 じゅんび　　　3 ぐあい　　　　4 きぶん

16　この きかいの つかいかたを（　　　）しますから よく 聞いて ください。

　　1 しゅくだい　　2 せつめい　　　3 りよう　　　　4 はつおん

17　部屋の かぎを さがして いるが、まだ（　　　）。

　　1 しらない　　　　　　　　　2 みつからない

　　3 ぶつからない　　　　　　　4 やくにたたない

18　夜（　　　）ねむれない とき、むずかしい 本を 読むと、すぐ ねむく なるらしい。

　　1 なかなか　　　2 いろいろ　　　3 いちいち　　　4 とうとう

19　つくえの 上を きれいに（　　　）出かけます。

　　1 かたづけてから　　　　　　2 かきなおしてから

　　3 てつだってから　　　　　　4 おわらせてから

20　つぎの 駅で おりて バスに（　　　）ください。

　　1 とりかえて　　2 のりかえて　　3 まちがえて　　4 てつだって

もんだい4 _____の ぶんと だいたい おなじ いみの ぶんが あります。1・2・3・4から いちばん いい ものを ひとつ えらん でください。

21 ことしの なつは ひじょうに あつかった。

1 ことしの なつは ほとんど あつかった。

2 ことしの なつは とても あつかった。

3 ことしの なつは ちょっと あつかった。

4 ことしの なつは だいたい あつかった。

22 けさは 父が 食事の よういを して くれました。

1 けさは 父が 食事の じゅんびを して くれました。

2 けさは 父が 食事の あらいものを して くれました。

3 けさは 父が 食事の せんたくを して くれました。

4 けさは 父が 食事の よやくを して くれました。

23 この こうじょうで 車を せいさんして います。

1 この こうじょうで 車を うって います。

2 この こうじょうで 車を あつめて います。

3 この こうじょうで 車を つくって います。

4 この こうじょうで 車を とどけて います。

24 わたしは たまに としょかんへ 行きます。

1 わたしは としょかんへ 行った ことが ありません。

2 わたしは まいにち としょかんへ 行きます。

3 わたしは いつも としょかんへ 行きます。

4 わたしは あまり としょかんへ 行きません。

3회

もんだい5 つぎの ことばの つかいかたで いちばん いい ものを
　　　　　 1・2・3・4から ひとつ えらんで ください。

25　つめたい

　1 この にくは つめたいので よく きれない。
　2 つめたい もんだいでしたが すぐ こたえが わかりました。
　3 いま そとは つめたい 風が ふいて います。
　4 つめたい 手で ごはんを たべないで ください

26　ちゅうし

　1 あした あめが ふったら、 ピクニックは ちゅうしします。
　2 かれは だいがくを ちゅうしして 会社に はいるらしい。
　3 けんこうに よく ないので たばこは ちゅうしして ください。
　4 じしんで でんしゃが ちゅうしして 会社に おくれた。

27　ようじ

　1 りょこうの にもつは もう ようじして おきました。
　2 友だちと デパートで 会う ようじを しました、
　3 みちで たなかさんに 会って、 ようじました。
　4 ちょっと ようじが あるので、 おさきに しつれいします。

28　かよう

　1 父は 毎日 ちかてつで 会社に かよって います。
　2 つよい あめで でんしゃが かよいました。
　3 その はしを かようと みぎに ぎんこうが あります。
　4 だいじな にもつなので、 きを つけて かようて ください。

1 ④	2 ④	3 ③	4 ③	5 ④	6 ②	7 ②	8 ③	9 ③	10 ③
11 ③	12 ②	13 ①	14 ④	15 ②	16 ②	17 ④	18 ①	19 ②	20 ③
21 ②	22 ③	23 ①	24 ④	25 ③	26 ④	27 ②	28 ④		

1회 해석

| 문제1 |

1 つぎの　特急(とっきゅう)　でんしゃに　乗りましょう。
다음 특급 전철을 탑시다.

2 あつまる　場所(ばしょ)は　どこですか。
모이는 장소는 어디입니까?

3 駅の　窓口(まどぐち)で　きっぷを　買った。
역 창구에서 표를 샀다.

4 さいきん、きゅうに　涼しく(すずしく)　なって　きた。
요즘 갑자기 선선해졌다.

5 海で　短い(みじかい)　やすみを　たのしんだ。
바다에서 짧은 휴가를 즐겼다.

6 こどもたちの　笑う(わらう)　こえが　きこえる。
아이들의 웃는 소리가 들린다.

7 大学で　経済(けいざい)を　べんきょうして　います。
대학에서 경제를 공부하고 있습니다.

| 문제2 |

8 おゆを　わかして(沸かして)　おちゃを　飲む。
물을 끓여서 차를 마신다.

9 あには　大学で　れきし(歴史)を　べんきょうして　いる。
오빠(형)는 대학에서 역사를 공부하고 있다.

10 えいごの　はつおん(発音)は　むずかしい。
영어의 발음은 어렵다.

11 しみずさんは　びょういんで　はたらいて(働いて)　います。
시미즈 씨는 병원에서 **일하고** 있습니다.

12 この　店<ruby>店<rt>みせ</rt></ruby>は、　テレビで　しょうかい(紹介)されて　ゆうめいに　なった。
이 가게는 TV에서 **소개되어** 유명해졌다.

| 문제3 |

13 いくら　電話を<ruby>電話<rt>でん わ</rt></ruby>　かけても　だれも　でなかった。
아무리 전화를 걸어도 아무도 받지 않았다.

14 日本で<ruby>日本<rt>に ほん</rt></ruby>　買った<ruby>買<rt>か</rt></ruby>　プレゼントを　国へ<ruby>国<rt>くに</rt></ruby>　おくりました。
일본에서 산 선물을 고국으로 **보냈습니다**.

15 毎日<ruby>毎日<rt>まいにち</rt></ruby>　かならず　ふくしゅうして　ください。
매일 **반드시** 복습하세요.

16 会議に<ruby>会議<rt>かい ぎ</rt></ruby>　まにあう　ように　駅から<ruby>駅<rt>えき</rt></ruby>　はしった。
회의 시간에 **늦지 않도록** 역에서부터 달렸다.

17 ６時に<ruby>時<rt>じ</rt></ruby>　レストランを　よやくして　おきました。
6시에 레스토랑을 **예약해** 두었습니다.

18 まだ　やわらかいもの以外は<ruby>以外<rt>い がい</rt></ruby>　食べられません<ruby>食<rt>た</rt></ruby>。
아직 부드러운 것 **이외에는** 먹을 수 없습니다.

19 わたしたちの　かんけいは　とくべつな　ものでは　ありません。
ただの　友だちです<ruby>友<rt>とも</rt></ruby>。
우리 관계는 **특별한** 것이 아닙니다. 그냥 친구입니다.

20 こうそくどうろに　出ると<ruby>出<rt>で</rt></ruby>、　かれは　スピードを　あげた。
고속 도로로 나오자 그는 **속도를 높였다**.

| 문제4 |

21 かんじを　書くのは<ruby>書<rt>か</rt></ruby>　へたです。
한자를 쓰는 것은 **서투릅니다**.

　＝ かんじを　書くのは<ruby>書<rt>か</rt></ruby>　じしんが　ありません。
　　 한자를 쓰는 것은 **자신이 없습니다**.

22 先生に　しつもんして　ください。

선생님에게 **질문**하세요.

＝ 先生に　きいて　ください。

선생님에게 **물어보**세요.

23 この　ボタンは　きけんな　ときに　おします。

이 버튼은 **위험**할 때 누릅니다.

＝ この　ボタンは　あぶない　ときに　おします。

이 버튼은 **위험**할 때 누릅니다.

24 たなかさんは　びょうきが　なおって、　びょういんから　うちへ　もどった
そうです。

다나카 씨는 **병이 나아** 병원에서 집으로 돌아왔다고 합니다.

＝ たなかさんは　たいいんした　そうです。

다나카 씨는 **퇴원했**다고 합니다.

| 문제5 |

25 ちちは　だいどころで　しょくじの　したくを　して　いる。

아버지는 부엌에서 식사 **준비**를 하고 있다.

26 なかむら先生は　時間に　きびしい　人です。

나카무라 선생님은 시간에 **엄격한** 사람입니다.

27 部屋を　そうじしてから　買い物に　でかけます。

방을 **청소**하고 나서 장을 보러 나갑니다.

28 この　しゃしんは　わたしには　たいせつな　おもいでです。

이 사진은 나에게는 소중한 **추억**입니다.

1 ②	2 ①	3 ①	4 ③	5 ③	6 ④	7 ①	8 ②	9 ①	10 ①
11 ①	12 ④	13 ①	14 ③	15 ②	16 ①	17 ④	18 ①	19 ③	20 ③
21 ①	22 ③	23 ②	24 ②	25 ②	26 ③	27 ①	28 ②		

2회 해석

| 문제1 |

① 森(もり)の　なかを　ゆっくり　あるいた。
숲 속을 천천히 걸었다.

② これは　へんな　味(あじ)が　します。
이것은 이상한 맛이 납니다.

③ まいにち　日記(にっき)を　かいて　います。
매일 일기를 쓰고 있습니다.

④ わたしは　その　いけんに　賛成(さんせい)です。
저는 그 의견에 찬성입니다.

⑤ あの　みせの　店員(てんいん)は　とても　しんせつです。
저 가게의 점원은 매우 친절합니다.

⑥ はなびたいかいは　たいふうで　中止(ちゅうし)に　なった。
불꽃놀이는 태풍으로 중지되었다.

⑦ かんじを　正しく(ただしく)　かいて　ください。
한자를 바르게 써 주세요.

| 문제2 |

⑧ かべ(壁)に　えを　かけました。
벽에 그림을 걸었습니다.

⑨ ピアノの　おと(音)が　聞こえる。
피아노 소리가 들린다.

⑩ しつもんの　いみが　ぜんぜん(全然)　わからない。
질문의 의미를 전혀 모르겠다.

11 とても　ねむかった(眠かった)ので　コーヒーを　飲んだ。
너무 **졸려서** 커피를 마셨다.

12 コンサートまで　じかんが　ありますから、　いそがなくても　まにあいます
(間に合います)よ。
공연까지 시간이 있으니까 서두르지 않아도 **제 시간에 도착해요.**

| 문제3 |

13 やまださんが　けっせきしたと　聞いて　みんな　しんぱいしました。
야마다 씨가 결석했다고 해서 모두 걱정합니다.

14 たなかさんも　こんどの　パーティーに　ぜひ　いっしょに　行きましょう。
다나카 씨도 이번 파티에 꼭 함께 갑시다.

15 たいふうのため、　東京では　つよい　かぜが　ふいて　いる。
태풍으로 도쿄에서는 강한 바람이 불고 있다.

16 じぶんの　なまえを　よばれたら、　おおきい　こえで　へんじして　ください。
자신의 이름이 불리면 큰 소리로 **대답해** 주세요.

17 あたらしい　くるまを　かうか　どうか、　まだ　きめて　いないんです。
새 차를 살지 말지 아직 **결정하지** 못했습니다.

18 おなかが　いっぱいで、　これいじょう　食べられません。
배가 불러서 더 **이상** 먹을 수 없습니다.

19 家を　出る　前に　でんきを　けしたか　チェックします。
집을 나서기 전에 전기를 껐는지 **확인합니다.**

20 ひらがなは　ぜんぶ　おぼえましたが、カタカナは　まだです。
히라가나는 전부 **외웠습니다**만 가타카나는 아직입니다.

| 문제4 |

21 やましたさんは　ほんとうに　歌が　うまい。
야마시타 씨는 정말로 노래를 **잘한다.**

＝ やましたさんは　ほんとうに　歌が　じょうずだ。
야마시타 씨는 정말로 노래를 잘한다.

22 あねは　ダンスに　むちゅうに　なって　いる。
언니(누나)는 댄스에 열중하고 있다.

= あねは　おどりに　むちゅうに　なって　いる。
언니(누나)는 춤에 열중하고 있다.

23 さとうさんは　食堂で　はたらいて　います。
사토 씨는 식당에서 **일하고 있습니다**.

= さとうさんは　食堂で　仕事を　して　います。
사토 씨는 식당에서 **일을 하고 있습니다**.

24 きけんな　ときは　この　ベルを　おして　ください。
위험할 때는 이 벨을 눌러 주세요.

= あぶない　ときは　この　ベルを　おして　ください。
위험할 때는 이 벨을 눌러주세요.

| 문제5 |

25 毎日　部屋を　そうじします。
매일 방을 청소합니다.

26 やさしい　もんだいを　まちがえて、　はずかしいです。
쉬운 문제를 틀려서 **부끄럽습니다**.

27 みんなで　しょくじを　するので、　みせを　よやくしました。
다같이 식사를 하기 때문에 가게를 **예약했어요**.

28 わるい　ことを　したら、　あやまらなくては　いけませんよ。
나쁜 일을 했으면 **사과해야** 해요.

1 ③	2 ①	3 ③	4 ②	5 ②	6 ④	7 ③	8 ③	9 ①	10 ③
11 ②	12 ④	13 ③	14 ④	15 ③	16 ②	17 ②	18 ①	19 ①	20 ②
21 ②	22 ①	23 ③	24 ④	25 ③	26 ①	27 ④	28 ①		

3회 해석

| 문제1 |

1 この ペンを 使って(つかって) ください。
이 펜을 사용해 주세요.

2 やさいは ちいさく 切って(きって) ください。
야채는 작게 잘라 주세요.

3 この かばんは おもくて 不便(ふべん)です。
이 가방은 무겁고 불편합니다.

4 そんなに 泣かないで(なかないで) ください。
그렇게 울지 마세요.

5 コーヒーは 苦い(にがい)ので あまり すきでは ありません。
커피는 써서 별로 좋아하지 않습니다.

7 なつやすみの アルバイトは いい 経験(けいけん)に なりました。
여름 방학의 아르바이트는 좋은 경험이 되었습니다.

7 子どもに かわいい 人形(にんぎょう)を 買って あげた。
아이에게 귀여운 인형을 사 주었다.

| 문제2 |

8 その 本を かして(貸して) ください。
그 책을 빌려 주세요.

9 らいげつの よてい(予定)は まだ きまって いません。
다음 달 예정은 아직 정해지지 않았습니다.

10 きっぷうりば(売り場)は　どこですか。
티켓 매표소는 어디입니까?

11 こんや　サッカーの　しあい(試合)が　あります。
오늘 밤 축구 시합이 있습니다.

12 この　店は　10時から　7時まで　えいぎょう(営業)します。
이 가게는 10시부터 7시까지 영업합니다.

| 문제3 |

13 この　ちゅうしゃじょうに　車を　とめる　ことが　できます。
이 주차장에 자동차를 세울 수 있습니다.

14 びじゅつかんに　行ったら、　学生たちが　先生と　けんがくに　来て　いた。
미술관에 갔더니 학생들이 선생님과 견학하러 와 있었다.

15 体の　ぐあいが　わるかったので、　学校を　休んだ。
몸 상태가 나빠서 학교를 쉬었다.

16 この　きかいの　つかいかたを　せつめいしますから　よく　聞いて　ください。
이 기계의 사용법을 설명할테니까 잘 들어 주세요.

17 部屋の　かぎを　さがして　いるが、　まだ　みつからない。
방의 열쇠를 찾고 있는데 아직도 찾을 수가 없다.

18 夜　なかなか　ねむれない　とき、　むずかしい　本を　読むと、　すぐ　ねむく
なるらしい。
밤에 좀처럼 잠이 오지 않을 때 어려운 책을 읽으면 잠이 빨리 온다고 한다.

19 つくえの　上を　きれいに　かたづけてから　出かけます。
책상 위를 깨끗이 정리하고 나서 외출합니다.

20 つぎの　駅で　おりて　バスに　のりかえて　ください。
다음 역에서 내려서 버스로 갈아 타세요.

| 문제4 |

21 ことしの　なつは　ひじょうに　あつかった。
올 여름은 매우 더웠다.

　= ことしの　なつは　とても　あつかった。
　올 여름은 아주 더웠다.

22 けさは　父^{ちち}が　しょくじの　よういを　して　くれました。
오늘 아침은 아버지가 식사 준비를 해주었습니다.

　= けさは　父^{ちち}が　しょくじの　じゅんびを　して　くれました。
　오늘 아침은 아버지가 식사 준비를 해주었습니다.

23 この　こうじょうで　車^{くるま}を　せいさんして　います。
이 공장에서 자동차를 생산하고 있습니다.

　= この　こうじょうで　車^{くるま}を　つくって　います。
　이 공장에서 자동차를 만들고 있습니다.

24 わたしは　たまに　としょかんへ　行^いきます。
나는 드물게 도서관에 갑니다.

　= わたしは　あまり　としょかんへ　行^いきません。
　나는 도서관에 별로 가지 않습니다.

| 문제5 |

25 いま　そとは　つめたい　風^{かぜ}が　ふいて　います。
지금 밖에는 차가운 바람이 불고 있습니다.

26 あした　あめが　ふったら、ピクニックは　ちゅうしします。
내일 비가 오면 소풍은 중지합니다.

27 ちょっと　ようじが　あるので、　おさきに　しつれいします。
잠깐 볼일이 있어서 먼저 실례하겠습니다.

28 父^{ちち}は　毎日^{まいにち}　ちかてつで　会社^{かいしゃ}に　かよって　います。
아버지는 매일 지하철로 회사에 다니고 있습니다.